Ulrike Krages · Fingerspitzengefühl

ULRIKE KRAGES

Fingerspitzengefühl

Erfolg bei Frauen mit Stil und
guten Manieren

ULLSTEIN

© 1994 by Verlag Ullstein GmbH, Frankfurt/M. · Berlin
Alle Rechte vorbehalten
Satz: Dörlemann-Satz, Lemförde
Druck und Verarbeitung: Wiener Verlag, Himberg bei Wien
Printed in Austria 1994
ISBN 3 550 06846 8

Gedruckt auf alterungsbeständigem Papier
mit chlorfrei gebleichtem Zellstoff

Die Deutsche Bibliothek – CIP-Einheitsaufnahme

Krages, Ulrike:
Fingerspitzengefühl: Erfolg bei Frauen mit Stil und
guten Manieren/Ulrike Krages. – Frankfurt/M; Berlin:
Ullstein, 1994
ISBN 3-550-06846-8

INHALT

Kapitel 1
DER TRAUMMANN –
ATTRAKTIVITÄT IST ERLERNBAR   9
KLEIDER-ABC   18

Kapitel 2
STARKE FRAU – SCHWACH WIE NIE   32

Kapitel 3
DIE ERSTE VERABREDUNG –
EIN ABEND, DEN SIE NICHT VERGESSEN
SOLLTE   39

Kapitel 4
TISCHMANIEREN –
DIE MEISTEN MÄNNER FALLEN DURCH   49

Kapitel 5
BESUCH ZU HAUSE –
DER KLUGE MANN BAUT VOR   56

Kapitel 6
EWIGE VERSUCHUNG –
DAS SCHLAFZIMMER   70

Kapitel 7
ZU ZWEIT IN DER ÖFFENTLICHKEIT ..   79

Kapitel 8
JAHRMARKT DER EITELKEITEN 86

Kapitel 9
KLEINER MANN GANZ GROSS 91

Kapitel 10
WIE ANGELT MAN SICH DAS HERZ
EINER VERHEIRATETEN FRAU –
UND WIE WIRD MAN ES WIEDER LOS .. 96

Kapitel 11
DAS HAT MIR GERADE NOCH GEFEHLT –
FRAU MIT KIND 107

Kapitel 12
LEIDENSCHAFT AB FÜNFZIG –
ALTES HERZ WIRD WIEDER JUNG 114

Kapitel 13
DIE GEHEIMEN WAFFEN EINER FRAU –
DARAUF SOLLTEN SIE NICHT
HEREINFALLEN 120

Kapitel 14
DIE RICHTIGEN AUSREDEN –
FRAUEN WOLLEN BELOGEN WERDEN   129

Kapitel 15
VON DEN FRAUEN BEGEHRT –
DER PRAKTISCHE MANN 138

Kapitel 16
GEIZ ODER GROSSZÜGIGKEIT –
DAS ANGEMESSENE TRINKGELD 142

6

Kapitel 17
DAS GEHEIMNIS DER VISITENKARTE .. 149

Kapitel 18
VERSUCH MACHT KLUG –
ZU ZWEIT AUF REISEN 153

Kapitel 19
ENDE EINER LEIDENSCHAFT –
ABER BITTE MIT STIL 164

Kapitel 20
DER MANN AM EIGENEN HERD 171
TIPS UND REZEPTE 178
KLEINER WEIN-RATGEBER 192
DRINKS 202

Für Louis,
der es mit Fassung trägt

Kapitel 1

Der Traummann – Attraktivität ist erlernbar

Ein Mann steht frisch geduscht und parfümiert vor dem Badezimmerspiegel. Er sieht gut aus, sein athletischer Körper drückt aktive Sportlichkeit aus, und er hält gerade ein Fax mit den aktuellen Kursen seiner Aktien in den Händen. Kritisch prüft er sein Spiegelbild und bestätigt sich zufrieden, daß er ein wahrer Traummann ist.

Der arme Mann weiß nicht, daß er sich gewaltig täuscht. So wie ihm geht es den meisten, wenn sie eine Frau davon sprechen hören, daß sie ihrem Traummann begegnet sei. Dieses Zauberwort produziert sofort ein Klischee vor dem geistigen Auge: ein Bild von einem Mann, der blendend aussieht, eine sportliche bis athletische Figur hat und stets eine wohlgefüllte Brieftasche mit sich herumträgt.

Die Wahrheit, meine Herren, sieht anders aus. Mit solchen Attributen allein gibt sich eine moderne Frau längst nicht mehr zufrieden. Sie räumt gern ein, daß auch diese Dinge zählen, aber letztlich sind es die scheinbaren Nebensächlichkeiten, Details, die erst in Verbindung mit anderen Eigenschaften und Verhaltensweisen den Traummann ergeben. Lassen Sie Ihr Weltbild ruhig noch ein wenig wanken, wenn Sie sich jetzt bei Ihrem Stolz gepackt fühlen. Sie ahnten ja längst, daß die Erwartungen der Frauen an das sogenannte starke Geschlecht heute enorm sind. Kein Wunder, daß es die Männer verunsichert.

Mit diesem Buch möchte ich Ihnen helfen, diese Erwartungshaltung im einzelnen durchzuleuchten. Wenn Sie den Mut haben, mir zu folgen, haben Sie den ersten Schritt in Richtung »Traummann« schon getan.

Das gewisse Etwas

Manche Menschen, denen wir begegnen, prägen sich deutlicher in unser Gedächtnis ein als andere – weshalb? Diese Menschen haben etwas Besonderes, das sie aus der Masse hervorhebt. Sie erleben es immer wieder, daß in einer Gesellschaft eine Person allgemeines Interesse weckt, ohne daß sie auffällig gutaussehend oder außergewöhnlich gekleidet wäre. Auch Ihnen fällt diese Person seltsam angenehm auf, ohne daß Sie genau definieren könnten, warum. Es scheint Ihnen auf der Zunge zu liegen, aber Sie finden doch nur Worte, die *ungefähr* umschreiben, inwiefern sich die Person vom Durchschnitt abhebt. Da ist diese interessante Art, sich zu präsentieren, diese spezielle Ausstrahlung, der unaufdringliche Ausdruck von Kraft und heiterem Selbstbewußtsein, das anregende Bild eines Menschen, der mit beiden Beinen fest im Leben steht – eben dieses »gewisse Etwas«.

Wir können nicht richtig ausdrücken, warum manche Menschen dieses ganz Spezielle haben, fühlen uns aber aus Gründen, die auf den ersten Blick unerklärlich scheinen, zu ihnen hingezogen. Angesichts der mysteriösen Tatsache verschlägt es uns die Sprache – und beileibe nicht nur uns. Die Engländer ziehen sich mit »She/he has got something special« aus der Affäre, und die Franzosen bringen es mit »Elle/lui a un je-ne-sais-quoi« auf den Punkt: »Er/sie hat ein gewisses Ich-weiß-nicht-was«.

Eines steht jedoch fest: Menschen mit dem gewissen Etwas ziehen uns auf geheimnisvolle Weise in ihren Bann. Frauen reagieren auf diese Ausstrahlung besonders sensibel. Sie spüren sehr viel schneller als die Herren der Schöpfung, ob jemand über dieses ganz Besondere verfügt, das so schwer zu definieren ist. Entdecken sie einen Mann mit jenen Attributen, die seine Attraktivität enorm steigern, suchen sie fasziniert seine Nähe. Das, meine Herren, ist sicher.

Viele Frauen beklagen sich heute darüber, daß sie nur selten Männern mit dem gewissen Etwas begegnen. Offensichtlich wissen die Männer nicht, wie man dem gewünschten Image nahekommt und welche Eigenschaften das gewisse Etwas begründen. Es ist dabei keine Entschuldigung, daß sich ein Mann um tausend andere Dinge zu kümmern habe (die beinahe ausschließlich mit dem Geldverdienen zusammenhängen), denn ganz oben auf der Liste der Charaktermerkmale, die sich eine Frau bei einem Mann wünscht, stehen Humor, Persönlichkeit und Herzenswärme – Eigenschaften, die bei der Jagd nach Geld und Ruhm leider allzuhäufig auf der Strecke bleiben.

Positive Eigenschaften wie diese werden einem Mann allerdings nicht in die Wiege gelegt. Er muß ständig daran arbeiten, seine Persönlichkeit zu entwickeln, zu nuancieren und zu unterstreichen, um so an Attraktivität zu gewinnen. Wer diesen Weg einschlägt, ist nicht

11

vor Rückschlägen und Niederlagen gefeit. Doch damit ist der einzelne nicht allein, und wenn es Sie tröstet, denken Sie daran, daß es selbst großen Männer der Weltgeschichte nicht anders ging. Reformer und Revolutionäre, Neugestalter, Künstler und Erfinder, sie alle hätten ohne die Entwicklung einer in den Bann ziehenden Persönlichkeit, ohne ständigen Kampf gegen die Mittelmäßigkeit ihren Ideen niemals Bahn brechen können.

Keine Angst vor Rückschlägen

Dieser Kampf ist Bestandteil der permanenten Annäherung an das gewisse Etwas. Das bedeutet natürlich nicht, daß Sie Niederlagen suchen müssen, um an Persönlichkeit zu gewinnen, aber es bedeutet, daß Sie sich auftretenden Konflikten stellen sollten – wer sich »einfach so« durchs Leben treiben und von äußeren Einflüssen lenken läßt, bleibt zeitlebens austauschbares Teilchen einer anonymen Masse.

Selbsterkenntnis und das Bewußtsein um die Rolle, die Sie einnehmen möchten, sind Voraussetzung für die gelenkte Kraft, sich durch Ausdruck des gewissen Etwas von eben jener Masse abzuheben. Es reicht nun einmal nicht, alles so gut wie die anderen zu machen; mit Durchschnittlichem können Sie kein spezielles Interesse erwecken und sich kein besonderes Image schaffen. Ebensowenig reicht es aus, lediglich Wissensträger zu sein. Bildung bedeutet noch lange nicht, über Persönlichkeit zu verfügen – im Gegenteil, wenn Sie allein mit Ihrer Bildung auftrumpfen, erwecken Sie den Eindruck, damit hausieren zu gehen, und langweilen nur. Zugegeben, es wird nicht leicht, Wissen durch Weisheit zu krönen, aber wenn Ihnen dies gelingt, gewinnt auch Ihre Ausstrahlung auf Ihre Mitmenschen eine bezwingende Intensität, für die es sich lohnt, an sich zu arbeiten.

Zu weiteren Charakterzügen, die erstrebenswert und in ihrer Seltenheit imagefördernd sind, gehören Toleranz und Güte, Höflichkeit und Mut, Verschwiegenheit und Würde. Nun mögen Sie in der Erlangung dieser Tugenden eine echte Sisyphusarbeit sehen, aber wenn Sie sich in einem Moment der Muße einmal genau vor Augen halten, welche Bedeutung diese lapidar aufgezählten Werte eigentlich haben, sind Sie einen bedeutenden Schritt vorangekommen: Niemand fragt heute noch nach wahren Inhalten – wenn *Sie* es tun und sich den Antworten stellen, um so besser.

Abgesehen von allen bisher erwähnten Eigenschaften dürfen Sie auch eine kaum zu unterschätzende Tatsache nicht außer acht lassen: Vielen Menschen sprechen wir allein aufgrund ihres Status von vornherein das gewisse Etwas zu. Selbst eine Frau ohne snobistische Neigungen wird zugeben, daß Männer mit Vermögen schnell als Persönlichkeiten bezeichnet werden und man entsprechend leichter geneigt ist, in ihnen *das* gewisse Etwas zu entdecken – und doch ist es nur *ein* gewisses Etwas. Das gilt übrigens auch für Träger berühmter Namen. In der (oft berechtigten) Hoffnung, daß ein Teil ihres Glanzes auf sie abfallen werde, umgeben sich Frauen im allgemeinen gern mit solchen Männern – und doch sind Namen Schall und Rauch und keineswegs gleichzusetzen mit *dem* gewissen Etwas.

Für diejenigen unter Ihnen, die weder eine Berühmtheit sind noch über das nötige Kleingeld verfügen, ist gerade das aber die Chance, dem gewissen Etwas durch Selbstdisziplin und die Entwicklung einer Persönlich-

Status ist
nicht alles

13

keit näher zu kommen als so mancher, der sich einbildet, allein mit seinem Namen oder seinem Vermögen Eindruck schinden zu können.

Als Frau möchte ich Ihnen vermitteln, was Sie als Mann in unseren Augen attraktiv macht. Setzen Sie sich unbefangen damit auseinander, gehen Sie mutig daran, meine und Ihre Erkenntnisse in die Tat umzusetzen, und testen Sie die Wirkung auf das andere Geschlecht. Begehen Sie dabei jedoch nicht den Fehler, sich wie ein Produkt zu vermarkten, indem Sie aus lauter Erfolgsstreben eine neue Identität anzunehmen versuchen, der Sie nicht nachkommen können.

Beantworten Sie sich zuerst die Frage, ob Sie die Rolle, die eine Frau von Ihnen erwartet, wirklich spielen *wollen*. Denn nur dann, wenn dieses Spiel auch Ihrem eigenen Interesse entspricht, werden Sie dem Anspruch eines attraktiven Mannes mit dem gewissen Etwas gerecht werden.

Worauf es wirklich ankommt Die wichtigsten Bedingungen für das gewisse Etwas möchte ich allen Regeln, Tips und Ratschlägen, die Ihnen dieses Buch im großen wie im kleinen vermitteln wird, voranstellen, weil sie die Grundvoraussetzungen für das Image eines Traummannes zusammenfassen.

Dazu gehören die Regeln und Facetten guten Benehmens ebenso wie große und kleine Hilfsmittel, die Ihnen helfen, sich ins rechte Licht zu rücken. Wenn Sie dann ins Licht treten, wird das erste, woran eine Frau Sie zu messen beginnt, Ihr Äußeres sein.

Aussehen und Kleidung Gutes Aussehen ist nicht gleichzusetzen mit Attraktivität. Es gibt so gut wie nichts, was in den Augen einer

14

Frau lächerlicher wäre als ein schöner Mann, der darüber hinaus nichts oder wenig vermittelt, was seine Persönlichkeit unterstreicht. Achten Sie stets darauf, sich gepflegt zu präsentieren. Schon ein käseweißes Gesicht zeugt von einer gewissen Nachlässigkeit, während ein sportlicher Teint einer Frau das Gefühl vermittelt, daß Sie es sich Wert sind, auch die Sonnenseiten des Lebens zu genießen, statt zwölf Stunden am Tag im Büro zu verbringen.

Der Begriff »Mode« wird von vielen Männern leider immer noch mißverstanden. Ein wirklich attraktiver Mann hat es nicht nötig, aufzutreten wie aus einem Journal entsprungen. Fallen Sie nie auf den »letzten Schrei« herein, denn grundsätzlich gilt: Egal, was Sie tragen, immer sollten Sie auf die Qualität Ihrer Kleidung größten Wert legen. Läßt sich in Ihrem Budget kein größerer Posten für Garderobe unterbringen, dann leisten Sie sich weniger häufig etwas Neues, dafür aber immer Kleidungsstücke, die von exquisiter Qualität sind. Stellen Sie sich vor, die Dame Ihres Herzens führt ihre Hand bei der ersten Begegnung über einen hundertprozentigen Polyesterrücken – Sie dürfen sich dann nicht wundern, wenn die Streicheleinheiten versiegen, bevor sie überhaupt begonnen haben.

Denken Sie daran, daß man Sie so behandelt, wie Sie sich präsentieren. Treten Sie in minderwertiger und ungepflegter Kleidung auf, dürfen Sie nicht erwarten, daß man Sie für einen Gentleman hält. Nur wer stattlich auftritt, wird auch als stattlich akzeptiert. Und noch was: Mit dem begründeten Wissen, überdurchschnittlich gekleidet zu sein, geht darüber hinaus ein deutlich gehobenes Selbstwertgefühl einher.

Qualität: ein Muß

15

Im Anhang dieses Kapitels finden Sie eine Zusammenstellung der klassischen Regeln guter Anziehformen, die sowohl den traditionellen Gepflogenheiten als auch ungeschriebenen Gesetzen Rechnung trägt. Es versteht sich von selbst, daß Sie darunter auch Hinweise auf gewisse Peinlichkeiten finden, die Frauen immer wieder auffallen und die nicht gerade geeignet sind, den besten Eindruck zu erwecken.

Flirten: eine Kunst   Lernen Sie zu flirten. Allein diese Kunst zu beherrschen verleiht vielen Männern schon einen Teil des »gewissen Etwas«. Spielen Sie mit Blicken, gekonnten Komplimenten, und legen Sie sich eine geheimnisvolle Note zu. Dadurch wecken Sie in den Frauen Träume und Sehnsüchte, die in ihren Vorstellungen von Romantik begründet sind.

Sie haben einen schlechten Ruf? Vernachlässigen Sie ihn bloß nicht! Nichts macht eine Frau neugieriger als die Tatsache oder die Möglichkeit, einem Casanova über den Weg gelaufen zu sein. Hatten Sie bislang nicht den Ruf eines Gigolos, dann tun Sie ruhig etwas dafür – es hebt Sie von der Masse ab, verleiht Ihnen das ungewöhnliche gewisse Etwas eines raffinierten Liebhabers und läßt eine Frau nicht eher ruhen, bis sie herausgefunden hat, was dahintersteckt. Auch Don Juan liebte zwar die Frauen, noch mehr aber liebten die Frauen ihn – nicht zuletzt aufgrund seines außerordentlichen Rufes als Weiberheld.

Erfolg   Erfolg macht bescheiden. Wenn Sie geschäftlich erfolgreich sind, lernen Sie bitte, richtig damit umzugehen. Imponiergehabe ist unter allen Umständen fehl am

16

Platze. Der Mann mit dem gewissen Etwas spricht nicht über den Erfolg, er *hat* ihn. Er weiß, daß es nicht notwendig ist, seine Ruhmestaten jedem unter die Nase zu binden. Eine Frau spürt schon früh genug, mit wem sie es zu tun hat.

Nutzen Sie einen Vorteil für sich, der vielen Männern **Stil** nicht beschieden ist, und zeigen Sie der Damenwelt, daß Sie Stil haben. Stil drückt sich nicht nur in der Kleidung aus, sondern ebenso in Sprache und Gestus, in Benehmen und Taktgefühl. Auch Ruhe, Gelassenheit und Übersicht sind fast vergessene und häufig vernachlässigte Faktoren; es bedarf wohl keiner Erwähnung, daß Streitsucht und Kleinkrämertum beileibe keinen positiven Eindruck auf andere machen. Im übrigen haben gereizte Männer oft eine unangenehme, harte Stimme, die auch nicht gerade zu Harmonie im Zusammenhang mit anderen beiträgt.

Generell wäre zu fragen, warum Männer häufig so hektisch und verspannt sind. Denken Sie immer daran, daß Sie durch Ruhe im Umgang mit einer Frau Schutz und Stärke ausdrücken. Beides ist für sie von großer Bedeutung und trägt zu Ihrer Attraktivität bei.

Vergessen Sie vor allem eines nicht: Ist der erste Eindruck, den Sie auf eine Frau machen, negativ, wird sie selten bereit sein, sich einen zweiten zu verschaffen.

Kleider-ABC

Anzug (Siehe auch »Dunkler Anzug«.) Anzüge gibt es in Hülle und Fülle. Darum sollten Sie genau wissen, was die Ihren auszeichnen muß. Die Knopfleiste am Ärmel sollte mindestens drei Knöpfe und die dazugehörigen Knopflöcher haben. Das Jackett verfügt über ein Knopfloch am linken Revers und hat ein oder zwei Rückenschlitze (eine Anzugjacke ohne Rückenschlitze wirkt wie Massenware). Wenn Sie nicht sitzen, sollte der mittlere Jackenknopf geschlossen sein. Die Knöpfe sind grundsätzlich aus Horn. Können oder wollen Sie es sich nicht leisten, Ihren Anzug von einem Maßschneider anfertigen zu lassen, und kaufen statt dessen von der Stange, achten Sie nicht auf guten, sondern *perfekten* Sitz – und wenn Sie den Verkäufer damit zum Wahnsinn treiben.

Badehose Auch wenn Sie über einen traumhaften, athletischen Körper verfügen, sehen Sie in engen Badehosen aus wie ein durchschnittlicher Tourist. Wer auch am Strand Stil zeigen will, sollte Badeshorts tragen (die im übrigen auf Frauen auch viel erotischer wirken).

Bermudashorts Bermudas sind bei sommerlichen Temperaturen sicher sehr bequem, nur sollte man sie ausnahmslos in der Freizeit tragen. Bermudas haben nichts im Büro zu suchen und werden auf keinen Fall mit einem Jackett kombiniert. Nur wer sich zum Clown machen möchte, trägt Bermudas und Kniestrümpfe, dazu Schlips und Jackett.

Blazer Der vom französischen Wort »blason« abgeleitete Name steht für eine Jacke mit Rückenschlitzen in Clubfarben

18

mit Goldknöpfen und Clubabzeichen auf der linken aufgesetzten Brusttasche. Sie wurde früher im allgemeinen bei Clubfesten getragen und ersetzt den dunklen Anzug. Normalerweise trägt man dazu eine graue Flanellhose; im Sommer ist jedoch auch eine hellere Hose möglich. Die Krawatte zum Blazer ist uni oder gestreift. Denken Sie aber daran, daß beispielsweise in England verschiedene Clubs als ergänzendes Erkennungszeichen Krawatten mit ganz bestimmten Mustern tragen. Um Mißverständnissen vorzubeugen, sollten Sie also vorsichtshalber eine einfarbige wählen.

Boxershorts sollten aus reiner Baumwolle sein, denn Seide ist in der Unterbekleidung dem weiblichen Geschlecht vorbehalten. An Farben und Mustern ist allerdings erlaubt, was gefällt. Aufregender Gedanke: »Wenn die wüßte, was ich unter dem Anzug trage.« Noch aufregender: »Die wird Augen machen, wenn ich mich entblättere.«

Cowboystiefel Lässige Boots passen nur zu Jeans. Es ist zwar vertretbar, sie zum Anzug zu tragen, aber nur, wenn Sie die amerikanische Staatsbürgerschaft besitzen.

Cut Der Cut besteht aus einer grauschwarz gestreiften Hose, einem weißen Hemd, einer grauen Weste, einer grauen Krawatte mit Perle und der einreihigen Schoßjacke mit einem Knopf, der meistens offenbleibt. Man trägt den Cut am Tage zu festlichen Anlässen wie kirchlichen Trauungen, Staatsempfängen, Jubiläen, Ordensverleihungen oder auch zur alljährlichen Gartenparty der englischen Königin. Über dem Cut ist bei

19

Kälte das Tragen eines einreihigen schwarzen Mantels erlaubt.

Cocktailparty Da man zu Cocktails im allgemeinen gegen 18 Uhr einlädt, geht man davon aus, daß die Gäste direkt nach Büroschluß und somit im Busineß- oder Straßenanzug erscheinen. Für besonders festliche Cocktails ist ein dunkler Anzug zu empfehlen.

Dinnerjacket Ein Dinnerjacket trägt man mit einer schwarzen oder dunkelgrauen Hose; Weste und Kummerbund können, müssen aber nicht sein. Die Fliege darf gern farbig, sollte jedoch mit Hemd oder Jacke abgestimmt sein. Sie sind durchaus nicht verpflichtet, ein herkömmliches weißes Dinnerjacket zu tragen; es darf ruhig farbig sein. Das Dinnerjacket ist die passende Bekleidung für Sommerfeste oder Barbesuche. Es ersetzt hierzulande jedoch nicht den offizielleren Smoking, während in England und den USA auch ein Smoking als Dinnerjacket bezeichnet wird.

Dunkler Anzug Der dunkle Anzug ist offizieller als ein Blazer mit grauer Hose, jedoch nicht so offiziell wie der Smoking. Er kann dunkelgrau oder dunkelblau sein und darf durchaus einen feinen Nadelstreifen haben.

Zum dunklen Anzug trägt man ein weißes oder jedenfalls einfarbiges Hemd, dunkle Strümpfe und glatte schwarze Schuhe mit Ledersohle. Ist der Anzug einreihig, trägt man meistens eine Weste darunter. Anlässe für einen dunklen Anzug sind Abendeinladungen zum Essen, Konzert- und Theaterbesuche, aber auch Abendempfänge oder Cocktailparties.

Grundsätzlich sollten Sie darauf achten, daß die Knopflöcher an Revers und Ärmel echt, das heißt durchgenäht sind – das ist eben der kleine Unterschied, der einen Kenner verrät.

(Siehe »Taschentuch«.) Einstecktuch

Wenn Sie meinen, Sie müssen Fliegen tragen, so tun Sie es. Sie sollten dabei aber zumindest darauf achten, daß sie handgebunden sind. Fliegen mit vorgefertigter Bindung und Gummizug sind nicht einmal eines Konfirmanden würdig. Fliege

Der Frack, aus schwarzem oder nachtblauem Tuch gearbeitet, ist der eleganteste Gesellschaftsanzug für den Abend. Sie tragen dazu eine weiße Schleife, ein gestärktes weißes Hemd mit Eckenkragen und eine ein- oder zweireihige Pikeeweste, wobei die elegantere Lösung eine zweireihige Weste ist. Frack
Hemd und Weste sollten mit Perl- oder Perlmuttknöpfen ausgestattet sein. Die Jacke ist vorn kurz und wird nicht geschlossen, die Frackschwänze sollten knielang sein. Auf Ihren Chronographen verzichten Sie und entscheiden sich statt dessen für eine Taschenuhr, denn Armbanduhren sind zum Frack nicht statthaft. Sollten Sie über Orden verfügen, sind diese auf einem Frack selbstverständlich erlaubt.
Auf Einladungen ist stets vermerkt, ob der Anlaß einen Frack erfordert. Die Hinweise, die Sie dort finden, lauten »Frack oder Smoking«, »Cravate Blanche« oder »Großer Gesellschaftsanzug«.

Galon   Einfache oder doppelte Seidentresse an den Beinkleidern zu Frack und Smoking.

Gürtel   Zum klassischen Anzug sollten Sie keinen Gürtel tragen, der breiter ist als vier Zentimeter. Verzichten Sie auf Straß- oder Nietenbesatz, keinesfalls aber auf gutes Leder. Zu Jeans können Sie sich allerdings Gürtel mit Nietenschmuck und größeren Schnallen erlauben. Sie müssen sich jedoch entscheiden: Zu Hosenträgern wird kein Gürtel getragen.

Halstuch   In der Freizeit ersetzt das Halstuch die Krawatte. Es wird gern zum Pullover oder auch zum Jackett getragen und ist meistens aus Seide. Zu einem offiziellen Anzug tragen Sie selbst bei hartnäckigen Halsschmerzen kein Halstuch.

Handschuhe   An kalten Tagen Handschuhe zu tragen ist selbstverständlich. Ebenso selbstverständlich ist es, den rechten auszuziehen, wenn man einer Dame die Hand gibt.

Handtasche   Behältnisse dieser Art, auch Gelenktaschen genannt, haben nichts bei Ihnen zu suchen. Seine Papiere trägt der Mann immer in der Kleidung bei sich. Nur Pfeifenrauchern, die ihre Taschen natürlich nicht mit ihren Utensilien ausbeulen, ist ein Täschchen gestattet.

Hemd   Bei der Vielzahl von Ausführungen (Button-down, Kent-, Tapekragen usw.) ist es das wichtigste, daß ein Hemd aus reiner Baumwolle ist und Perlmuttknöpfe hat.

Zum Anzug sind Hemden mit etwa acht Zentimeter

breiten Manschetten perfekt. (Siehe auch Manschettenknöpfe.)

Kurzärmelige Hemden geben Ihnen etwas allzu Bur-
schikoses, deshalb trägt man sie lieber nicht und schon
gar nicht unter einem Jackett. Und wenn es ganz heiß
ist: Krempeln Sie sich besser die Ärmel hoch. Aber nur
bis zum Ellenbogen. Kurzärmelige Hemden sind nur als
Bestandteil von Dienstuniformen (zum Beispiel bei Flug-
gesellschaften) gestattet. Oder wenn Sie zehn Jahre alt
sind und noch die Schulbank drücken. Absolut tabu
sind Hemden mit Stehkragen. Verbannen Sie sie am
besten auf der Stelle aus Ihrem Kleiderschrank.

Eine gute Hose (ohne oder mit ein bis zwei Bundfalten) **Hose**
hat neben den vorderen Taschen auch mindestens eine
Gesäßtasche. Sie können sie mit und ohne Umschlag
tragen, immer aber müssen sie so lang sein, daß sie die
Knöchel bedecken.

Vor nicht allzu langer Zeit galt es noch als absolut **Hosenträger**
unmöglich, Hosenträger an den Tag zu legen. Im Büro
zog man das Jackett nur aus, wenn man die Hose mit
einem Gürtel (und folglich *ohne* Hosenträger) trug. Im
Laufe der letzten Jahre avancierten sie jedoch zum top-
aktuellen Modegag. Banker zum Beispiel tragen heute
zum Anzug besonders gern Hosenträger. Es gibt sie
mittlerweile in allen Breiten, Mustern und Farben.

Hosenträger, natürlich nur unter dem Anzug getragen und von außen nicht sichtbar, wirken auf manche
Frauen sehr erotisch und werden daher auch »Strapse
des Mannes« genannt. Eines sollten Sie bei Ihrer Entscheidung für oder gegen Hosenträger auf jeden Fall

beachten: Nie, aber auch absolut nie trägt man Hosenträger und Gürtel zusammen. In Sergio Leones Filmklassiker »Es war einmal in Amerika« ist ein Mann dafür sogar erschossen worden.

Im übrigen sind Hosenträger ein Muß bei Frackhosen und werden so unter Weste und Jacke verborgen, daß sie in keinem Fall sichtbar sind.

Hut · Der Hut ist im Begriff, denselben zu nehmen. Er verabschiedet sich immer mehr und dient höchstens noch älteren Herren als Schutz gegen Kälte oder zu uniformierten Vereinszwecken. Der schwarze Zylinder, einstmals Inbegriff männlicher Eleganz, wird heute kaum noch getragen. Auch einen grauen benötigen Sie nur noch, wenn Sie zu einer Gartenparty in England eingeladen sind; dort übrigens trägt man ihn gelegentlich auch noch zum Pferderennen.

Mützen und Tweedhüte gelten nicht als Hut, brauchen deshalb unter freiem Himmel zum Grüßen auch nicht abgenommen werden.

Während man in christlichen Kirchen den Hut nie auf dem Kopf behält, setzen Sie in Synagogen stets einen auf.

Jackett · Für das Jackett gilt das gleiche wie für die Anzugjacke. Schon wieder vergessen? Dann bemühen Sie sich bitte noch einmal zum Stichwort »Anzug« zurück.

Jeans · Die Jeans ist heute durchaus gesellschaftsfähig, jedoch gilt auch hier wie bei anderen Kleidungsstücken: Klassisch sollte sie sein. Zu einer Bundfaltenjeans passen am besten weiße Socken, eine Palette Bier und Ihre Kegelbrüder.

24

Zur korrekten Herrenbekleidung gehören selbstverständlich nur *lange* Strümpfe. Bei übereinandergeschlagenen Beinen ist die behaarte Männerwade kein schöner Anblick, und sei sie noch so wohlgeformt und braungebrannt, was sie in den meisten Fällen leider auch nicht ist.

Kniestrümpfe

Tragen Sie weiße Strümpfe, dürfen Sie sich nicht wundern, wenn man Sie für einen Handelsvertreter hält.

In der Wahl Ihrer Krawatten können Sie sich richtig austoben. Wenn alles andere von klassischem Stil zeugt, dürfen und sollten Sie im Hinblick auf Ihre Schlipse Mut bekennen.

Krawatte

Leider hat sich eine absolut unpassende Manie breitgemacht – das Tragen von Krawattenklammern. Wenn Sie partout nicht darauf verzichten wollen, sagen Sie dem Kreis der Männer mit Klasse Lebewohl. Krawatten*nadeln* sind allerdings bei Frack und Smoking erlaubt und sogar durchaus angebracht.

Achten Sie stets darauf, daß die Krawatte richtig gebunden ist: Unter dem Knoten schaut noch eine kleine Falte hervor; er hat keine Ausmaße mehr wie in den 70er Jahren, sollte aber auch nicht zu klein sein. Der Schlips hängt weder bis weit über den Gürtel, noch ist er so kurz wie ein Lätzchen. Das schmale Ende unter dem breiten hervorhängen zu lassen wirkt unordentlich.

Es gibt heutzutage eine Vielzahl verschiedener Manschettenknöpfe; sie dürfen durchaus auch mit witzigen Motiven versehen sein. Sparen Sie sich deshalb ruhig

Manschettenknöpfe

25

ennuyante Manschettenknöpfe mit langweiligen glatten Goldplatten oder übergroßen Steinen.

Orden Wer über Orden verfügt, trägt sie zu Frack oder Smoking, aber nur, wenn es auf der Einladungskarte zum entsprechenden Anlaß vermerkt ist. Hier wird zusätzlich noch unterschieden zwischen »Großer Dekoration« und »Kleiner Dekoration«.

Große Dekoration: Der Herr trägt einen Frack und darf darauf alles an Auszeichnungen zur Schau stellen, was er besitzt, also Halskreuze, Sterne, Orden an Schulterschärpen, Orden in Originalgröße und was sich sonst in verdienstvollen Jahren so angesammelt hat.

Kleine Dekoration: Erwünscht sind Miniaturausgaben von Orden und Ehrenzeichen, die an einer Schnalle oder einem Seidenripsband hängen und bei nicht allzu hochoffiziellen Anlässen zu Frack oder Smoking, manchmal auch zu Cut oder Stresemann getragen werden.

Overall Es erübrigt sich fast zu erwähnen, daß Sie einen Overall nur tragen, wenn Sie ihn von Berufs wegen benötigen.

Pantoffeln Wenn Sie Gäste einladen, wahrscheinlich nicht zum »Puschenkino«. Sie werden Ihre Hausschuhe also nur zum Bademantel tragen oder wenn Sie allein zu Hause sind.

Pullover Pullover sollten weder auf der Haut kratzen noch auf der Handfläche der Frau, die Ihnen über den Rücken streicht. Beachten Sie vor allem, daß man Pullover nicht

26

in die Hose steckt. Einen Rollkragenpullover können Sie durchaus zum Jackett tragen, jedoch nie zum Anzug.

Wenn Sie sich einen Regenschirm kaufen, bitte keinen Pocketschirm. Die Bezeichnung »Knirps« sagt schon alles.

Regenschirm

Es kommt nur reine Baumwolle in Frage. Die Hose sollte lang sein, die Jacke über Perlmuttknöpfe verfügen. Strampelanzugähnliche Pyjamas mit Bündchen an Hand- und Fußgelenken sind indiskutabel.

Schlafanzug

Im Gegensatz zu früheren Jahrhunderten haben Sie heute nur noch wenige Möglichkeiten, sich zu schmükken. Am stilvollsten ist es, wenn Sie sich auf das Tragen von Manschettenknöpfen, Armband- oder (sofern Sie in Smoking oder Frack gewandet sind) Taschenuhren beschränken. Besitzen Sie einen Siegelring, dürfen Sie ihn selbstverständlich anlegen, aber die Betonung liegt hier auf »Siegel«. (Ausdrücklich *nicht* gemeint ist hier die »Kalte Platte«, der Stein ohne Siegelfunktion.) Allerdings lassen immer mehr Männer das Familienerbstück lieber in der Schublade. Dies gilt auch für Eheringe, die nicht grundsätzlich getragen werden müssen. Sprechen Sie sich in dieser Hinsicht am besten mit Ihrer Frau ab.

Schmuck

Viele Vereinigungen verfügen über Reversnadeln, die Sie natürlich zum Anzug tragen können.

Halsketten sind individuell zu betrachten, sollten jedoch nicht allzu aufdringlich zur Schau gestellt werden. Ein schönes Schmuckstück wäre übrigens ein exzellenter Füllfederhalter, in der Innentasche des Jacketts getragen.

Schuhe An Männern fallen sie sofort ins Auge – (nicht nur) Frauen. Gepflegte Schuhe gehören zum A und O. Zum Anzug am Abend sind stets schwarze zu tragen, während blaue und graue im Schuhschrank eines Kenners gar nichts zu suchen haben.

Sie vertrauen ihre guten Stücke nur den hingebungsvollen Händen eines gestandenen Schusters an und keinesfalls einem Schnellservice, der bei seiner Fließbandbehandlung im allgemeinen keinen Unterschied zwischen einem 08/15-Treter und einem Lobb-Schuh macht.

Lobb-Schuhe kosten zwar ein kleines Vermögen, halten dafür aber einige Generationen, ohne an Form zu verlieren. Schon Männer wie Churchill und Chaplin ließen sie sich in der Londoner St. James Street individuell anpassen.

Smoking Der Smoking ist der klassische festliche Abendanzug. Die Jacke hat Seidenrevers oder Schalkragen, die schwarze Hose ohne Aufschlag Seidengalons. Zum klassischen einreihigen Smoking tragen Sie eine seidene Weste; bei zweireihiger Jacke ist die Weste nicht Vorschrift, es genügt der Kummerbund. Zum Smoking gehört das entsprechende Smokinghemd.

Bei allen abendlichen Veranstaltungen, zu denen das Erscheinen im Smoking vom Gastgeber erwünscht ist, wird in den Einladungen schriftlich darauf hingewiesen. Ansonsten kann man ihn im Theater, im Opernhaus, in großen Hotels, auf Schiffen und bei größeren Familienfesten tragen.

Socken Willst du dir Feinde machen, trage weiße Socken. Offensichtlicher ist Geschmacklosigkeit nicht zum Ausdruck zu bringen. Weiße Socken sind nur und ausschließlich beim Sport erlaubt!

Bei Begrüßungen behalten sie nur Mafiosi auf, alle anderen Herren setzen Sie dabei selbstverständlich ab.

Wie der Name schon sagt, sollten Sie Sport- oder Turnschuhe ausschließlich zum Sport tragen. Nur wenn Sie noch zu den Teens gehören, dürfen Sie auch in Ihrer Freizeit damit herumlaufen.

Der »Erfinder« dieses Anzugs, der deutsche Reichskanzler Gustav Stresemann, trug ihn ständig, und nach ihm ist er auch benannt: der offizielle Anzug aus schwarz-grau-gestreifter Hose, schwarzem Sakko und grauer Weste. Angebracht bei Staatsakten, Verleihungen von Auszeichnungen und Beisetzungen hochgestellter Persönlichkeiten.

Natürlich gibt es solche und solche, *Ihre* T-Shirts jedoch sind weiß, und Sie tragen sie unter dem Hemd. Sie sollten weder bedruckt sein noch ohne Hemd unter dem Jackett getragen werden. Ausnahme: Sie sind Animateur oder Rockmusiker.

Das heutige Taschentuch findet seinen Ursprung Mitte des 16. Jahrhunderts. Als reich verziertes »fazzoletto« diente es eher als schmückendes Accessoire und keineswegs zum Naseputzen; allenfalls tupfte man sich damit über Mund oder Stirn. Heute hat man sich für das weiße, strenge Taschentuch aus Leinen oder Batist (nicht Seide!) entschieden, ohne jeden Zierat mit Ausnahme des Monogramms. Man trägt es als Einstecktuch in der äußeren Brusttasche. Klasse zeigt, wer ein weißes, an den Seiten handgerolltes Taschentuch lässig in die Brusttasche steckt und es nicht wie ein streng geometrisches Dreieck herausschauen läßt. Ein amerikanischer Herr trägt es ungezwungen quadratisch gefaltet, so daß ein schmaler weißer Streifen am oberen Taschenrand abschließt.

Zu Trachtenanzügen können Sie selbstverständlich buntkarierte sogenannte »Sacktücher« tragen, die zum Naseputzen auch ihrem eigentlichen Zweck dienen. In jedem anderen Anzug sollte neben dem Einstecktuch übrigens ein zweites Taschentuch vorhanden sein, welches seinen Platz in der inneren Jackentasche oder in der Hosentasche findet.

Mit der Krawatte identisch gemusterte Einstecktücher wird der, dem sie gefallen, ohnehin tragen. Strenggenommen ist diese Art von Dekoration allerdings genauso unmöglich wie ein bereits vorgefertigtes dreigezacktes Etwas, das man sich in die Brusttasche schiebt. Sie tragen schließlich auch keine Krawatten mit vorgefertigtem Knoten, die man sich mit einem Gummizug um den Kragen windet.

Trainingsanzug Deutlicher kann man es nicht ausdrücken: Man trägt einen Trainings- oder Jogginganzug ausschließlich zum Sport. Viele unserer Landsleute mißverstehen den Begriff »Freizeit« in der Hinsicht, daß sie meinen, ein Trainingsanzug sei die unbedingte Grundausstattung für alles, was irgendwie mit Freizeit zu tun hat. Stehen wenigstens Sie über diesen Dingen und tragen Sie diese Art von Sportdreß nicht einmal zum morgendlichen

30

Besuch beim Bäcker, es sei denn, Sie haben sich vorher wirklich gerade sportlich betätigt.

Bei förmlichen Beerdigungen, Beisetzungen hochrangiger Persönlichkeiten und Staatsbegräbnissen tragen die offiziellen Trauergäste den Cut mit schwarzer Hose oder den Stresemann, ebenfalls mit schwarzer Hose. Dazu kann der Zylinder getragen werden, den man mit einem Trauerflor umschlingt.

Trauerkleidung

Amerikanische Bezeichnung für den Smoking. In den USA ist dazu ein sogenanntes »fancy« erlaubt, ein Phantasiehemd jeglicher Art.

Tuxedo

Kapitel 2

Starke Frau – schwach wie nie

Die Rolle der Frau, die früher fast ausschließlich darin bestand, den Haushalt zu führen, Gesellschaften zu geben und Kinder zu erziehen, hat sich trotz Frauenpower und aller angestrebten wie angestrengten Gleichberechtigung nicht weltbewegend geändert. Machen wir uns nicht allzuviel vor. Wenn Sie mit offenen Augen durch die Wirklichkeit gehen, werden Sie finden, daß keineswegs selbständige und beruflich erfolgreiche Frauen das Bild unserer Gesellschaft prägen. Sie sind immer noch die Ausnahme.

Machen wir uns auch in anderer Hinsicht nichts vor. Die meisten Frauen nehmen die Emanzipationsdiskussion und feministische Parolen nur am Rande zur Kenntnis. Sie warten schlicht und ergreifend auf den starken Mann, der sie sicher durchs Leben leitet.

Nun liegt mir nichts ferner als Resignation und Zynismus, denn die Ausnahmen von der Regel werden ja immer zahlreicher. Das geht zwar relativ langsam voran, aber wenn Sie den Spaziergang durch die Realität fortsetzen, werden Sie sich auch davon überzeugen können, wie fruchtbar der Boden ist, auf den das Gedankengut der Frauenemanzipation fällt.

Ein simples, aber deutliches Beispiel sind die *Singles*, die in den letzten Jahren wie eine Flut über die Gesellschaft hereingebrochen sind und für ein gewaltiges Umdenken gesorgt haben. Schauen Sie in Bevölkerungsstatistiken, die besagen, daß vor allem in Großstädten die Alleinlebenden schon etwa die Hälfte aller Haushalte ausmachen. Natürlich sind das nicht ausschließlich Männer mit Bindungsängsten, sondern auch viele moderne, unabhängige, anspruchsvolle Frauen, die Freiräume für ihre Selbstverwirklichung brauchen. Die eigenen vier Wände helfen ihnen dabei – vielleicht aber nur solange, bis der starke Mann kommt, der in der Lage ist, die Verantwortung für sie zu übernehmen.

Es gibt wenig, was für schönere Kontroversen sorgt als das Thema *Emanzipation*. In diesem Buch wird jedoch Zeitgenossen, die diese Kontroverse am liebsten zum Kampf bis aufs Messer zuspitzen möchten, nicht einmal die winzigste Waffe in die Hand gegeben. Vielmehr möchte ich aus der offenen Haltung einer Frau heraus, für die Emanzipation im Sinne von Eigenständigkeit und Selbstbewußtsein eine Selbstverständlichkeit und kein Anlaß für Grabenkriege ist, erstarrte Bilder zu korrigieren helfen.

Geben Sie es ruhig zu, meine Herren, wenn dieses Thema Sie unsicher macht oder regelrecht einschüchtert. Natürlich zerbrechen Sie sich den Kopf, wie Sie denn nun mit der »neuen« Frau umgehen sollen. Gegenwärtig ist es für Sie tatsächlich nicht ganz leicht: Wie man's auch anfängt, macht man's verkehrt, nicht wahr?

Der Teufelskreis ist doch der: Eine engagierte Frau strebt nach Erfolg, Anerkennung und mehr Verantwortung im Berufsleben. Die Ansprüche, die sie damit *an sich* stellt, sind vergleichsweise hoch. Die Ansprüche, die in den zumeist von Männern besetzten Spitzenpositionen

Keine Angst vor
»neuen« Frauen

an Frauen gestellt werden, die nach oben wollen, sind ebenso hoch, wenn nicht noch höher. Dann schafft es eine, allen Maßstäben zu entsprechen, und sofort ist sie in den Augen der Männer ein typisches Karriereweib, ein berechnend kaltes Wesen mit spitzen Ellenbogen. Und die Männer denken: Wenn sie es schafft, so hohen Ansprüchen gerecht zu werden, muß sie auch enorme Ansprüche an einen Partner stellen. Sie fragen sich, welcher Mann wohl in der Lage sein könnte, diese Ansprüche zu erfüllen, und kommen zu dem Schluß, daß sie selbst es nicht sein können. Oder auch, daß sie es nicht sein *wollen*, denn die Wahrscheinlichkeit, dieser Frau doch nicht das Wasser reichen zu können, und die Gefahr, letztendlich zu versagen, sind ihnen einfach zu groß.

Und doch kommt hier und da ein Mann auf einen Gedanken, der so naheliegt, daß man einfach darüber stolpern *muß* (obwohl er in den Köpfen der meisten seiner Geschlechtsgenossen in weitester Ferne zu liegen scheint). Dieser Mann setzt seinen Gedanken mutig in die Tat um und leiht der Frau mit den geschundenen Ellenbogen seine Schulter – an die sie sich mehr als dankbar anlehnt.

Etwas zum Anlehnen

Schließlich fragen sich die anderen, wie es dieser eine bloß schafft, mit einer so stolzen und selbstbewußten »Erfolgsfrau« in glücklicher Eintracht zusammenzuleben, und sie werden sich diese Frage weiter stellen, solange sie das Wort »Emanzipation« mit »absolute Unabhängigkeit« übersetzen.

Wiederum ist die Antwort ganz einfach und bereits gefallen. Es geht schlichtweg darum, daß sich eine Frau, die im Berufsleben kämpft, privat einen Mann wünscht, der ihr das Gefühl gibt, eine Frau und nichts anderes als eine Frau zu sein. Kein Verhandlungsgegner, kein Geschäftspartner, sondern eine Frau, die in den allzumenschlichen Momenten der Schwäche eine starke Schulter braucht, an die sie sich anlehnen kann.

Dieser Wunschmann begeht nicht wie viele andere »Prachtkerle« den Fehler, permanent den tollen, coolen Typen zu spielen, sondern schenkt ihr neben seiner starken Schulter auch die nötige Herzenswärme, um sie so für den Berufsalltag fit zu halten. Er versteht es, sie in schwierigen Zeiten aufzufangen, indem er ihr sein Ohr schenkt und sie durch ernstgemeinte und durchdachte Ratschläge aufbaut.

Daß Männer den Wert ihrer Schultern unterschätzen, ist nicht zuletzt auch die Schuld kämpferischer Emanzen, welche die besagte absolute Unabhängigkeit der Frau zu lautstark postuliert und damit für eine falsche Interpretation von Gleichberechtigung gesorgt haben. Ein Mensch, der meint, in absoluter Unabhängigkeit existieren zu können, geht ein wie eine Blume, der niemand Wasser gibt.

Was dürfen Sie einer starken Frau anbieten, die kaum je das Wort Emanzipation in den Mund genommen hat, weil partnerschaftliche Gleichberechtigung für sie selbstverständlich ist? Können Sie sich noch erlauben, die althergebrachte Männerrolle einzunehmen?

Was tun – was lassen?

Ich glaube Ihnen gern, daß Sie selbst in den Dingen des alltäglichen Umganges unsicher geworden sind. Sie gehen etwa in Begleitung einer erfolgs- und selbstbewußten Frau auf ein Restaurant zu. Sollen/dürfen/müssen Sie ihr die Tür aufhalten? Vielleicht ist die Dame schneller und hat die Tür schon geöffnet, bevor Sie selbst aktiv werden können.

35

Dieses Problem hätte sich also von allein gelöst, doch das nächste droht bereits: Sollen Sie der Dame den Stuhl vom Tisch abrücken und warten, bis sie Platz genommen hat, oder können Sie sich gleich setzen? Was aber, wenn Sie bereits sitzen und – peinlicher Gedanke – die Dame immer noch steht und darauf wartet, daß Sie ihr endlich den Stuhl vom Tisch rücken?

Gegenfrage: Was hat Emanzipation mit guten Manieren und schlechten Umgangsformen zu tun? Überhaupt nichts . . .

. . . bis auf die Kleinigkeit, daß Höflichkeit und Aufmerksamkeit im Umgang mit einer Frau nach wie vor eine Selbstverständlichkeit sind.

Es gibt allerdings Vertreter des weiblichen Geschlechtes, die glauben, Gleichberechtigung erschöpfe sich bereits darin, sich so grobschlächtig benehmen zu können wie manche Männer. Um diese »Damen« kümmern wir uns hier natürlich nicht. Sie betreten ein Restaurant mit der schnippischen Bemerkung »Danke, ich weiß selbst, wie man eine Tür aufmacht«, und entziehen sich Ihren unaufdringlichen Versuchen, ihr aus dem Mantel zu helfen, so unwirsch, als ob Sie mit glühenden Klauen zupackten. Da wissen Sie plötzlich, daß der ganze Abend eine einzige Aneinanderreihung von »Danke, komme schon allein aus dem Mantel«, »Danke, ich kann mir mein Essen selbst bestellen«, »Danke, ich kann mir meinen Wein selbst einschenken« und »Bleiben Sie bloß sitzen – oder wollen Sie etwa mit aufs Damenklo?« sein wird. Also sorgen Sie am besten dafür, daß Sie ihren Mantel gleich anbehält, und bringen Sie sie schnellstens wieder nach Hause. Ach nein, das kann sie ja auch allein.

Frauen dieser Art finden in ihrem Verständnis von Emanzipation offensichtlich keinen Platz für die Selbstverständlichkeiten eines freundlichen und höflichen Umgangs miteinander. Sie haben schlicht und einfach keine Ahnung von Lebensstil, wenn sie den Mann als verzichtbar betrachten, und ihn überall dort, wo sie ihn treffen, als Gegner ansehen. »Feministische Zicken«, denken Sie jetzt, stimmt's? Der hämische Ausdruck, der sich auf Ihrem Gesicht breitmacht, wenn Sie zu dem Schluß kommen, daß »feministische Zicken« selten so hübsch sind, daß sich irgendeine Anstrengung, sie zu erobern, lohnen würde, entgeht uns nicht. Nun, vergessen Sie's; aus diesen Frauen werden nie wirklich begehrenswerte, hingebungsvolle Damen, und Sie schaffen es schon gar nicht, sie zu solchen zu machen.

An radikal-sexistischen Kampfparolen aus Frauenmund stimmt ja auch noch etwas anderes nicht: Sie verleugnen das weibliche Element. Und nun komme mir niemand und behaupte, eine selbstbewußte und eigenständige moderne Frau könne oder wolle auf das Geben und Nehmen von Zärtlichkeit, auf das Verwöhnen und Verwöhntwerden, auf vertraute Zweisamkeit oder auf den Genuß der Nähe eines attraktiven Mannes verzichten.

Frauen, und seien sie noch so erfolgreich, möchten nach einem anstrengenden Bürotag in der Rolle der starken Frau nur noch eines: schwach sein dürfen. Sich von dem Mann, auf den sie sich gefreut haben, verwöhnen lassen und ihn auf ihre, weibliche Weise verwöhnen. Selbst wenn sie erst um 21 Uhr aus dem Büro kommt, macht es einer wirklich emanzipierten Frau im allgemeinen nichts aus, noch einiges im Haushalt zu

37

regeln oder für sich und den Partner noch eine Kleinigkeit zu essen zuzubereiten. Wenn Sie damit noch keine Erfahrungen haben, können Sie es gern darauf ankommen lassen und sich auf ein Dinner bei Kerzenschein freuen.

Wann begreifen Männer endlich, daß sich eine moderne Frau in der Rolle des schwachen Geschlechts nicht ganz unwohl fühlt – allerdings erst, wenn sie die Bürotür hinter sich geschlossen hat.

Kapitel 3

Die erste Verabredung –
ein Abend, den sie nicht vergessen sollte

Sie haben also selbst schon oft genug erfahren, wie schwierig der richtige Umgang mit einer modernen und selbständigen Frau von heute ist. Aber haben Sie deshalb jedesmal gleich die Flinte ins Korn geworfen? Natürlich nicht – keine Frau gleicht in ihrem Charakter und ihrer Einstellung zum Leben einer anderen, und gerade das ist es doch, was den Reiz einer neuen Bekanntschaft ausmacht. Eines aber haben trotz ihrer Unterschiede fast alle Frauen gemeinsam – den von vielen Männern »gefürchteten« Sinn für Romantik.

Sie bringen diese Eigenschaft, die für sie wichtiger Bestandteil eines harmonischen Miteinander ist, allerdings nicht mehr so naiv und leidenschaftsvoll zum Ausdruck wie einst, als Großmama die »Gartenlaube« las; wir leben in Zeiten, die auch von Frauen Nüchternheit verlangen. Wenn Sie sich jedoch, im Herzen ein Eroberer, auf die neuen Bedingungen einstellen, werden Sie mit Phantasie und Sinn für Gefühl die Dame Ihres Interesses leichter für sich gewinnen, als Sie annehmen mögen.

Gehen Sie nicht überstürzt an die Sache heran. Sie kennen den Namen Ihrer Traumfrau, haben ihre Adresse herausgefunden und brennen darauf, sie zu sehen. Sie müssen sich aber der Möglichkeit bewußt sein, daß sich Ihr Herzblatt durchaus etwas Besseres

Auf der Suche nach dem Anlaß

39

vorstellen könnte, als ausgerechnet mit Ihnen auszugehen. Finden Sie daher einen neutralen Anlaß für ein Treffen, der vorerst wenig Raum für Hintergedanken läßt. Berufliche, geschäftliche oder auch gemeinnützige Motive sind gute Beispiele sachlich arrangierbarer Dates.

Bis zur ersten Verabredung zu einem gemeinsamen Abendessen sollten Sie allerdings Ihre Geduld unter Beweis stellen. Auch wenn es schwerfällt: Warten Sie eine gewisse Zeit. Sie soll nicht gleich darauf kommen, daß der Grund Ihres Anrufes darin besteht, ein Stelldichein zu arrangieren. Sie geben ihr damit auch die Gelegenheit, eventuell selbst ein bißchen von einer Verabredung mit Ihnen zu träumen. Lassen Sie die eine oder andere Woche verstreichen, aber nicht gleich Monate ins Land gehen, sonst kommt Ihnen die Konkurrenz womöglich zuvor.

Wer das Vergnügen hat, von einer Klassefrau überraschend und ganz ohne geschäftlichen Hintergrund ihre Telefonnummer oder Visitenkarte überreicht zu bekommen, darf sich glücklich schätzen. Aber Zaunpfahl hin, Wink her, auch in diesem Fall greift ein Mann, der auf sich hält, erst einige Tage später zum Telefonhörer.

Die passende Zeit für einen Anruf

Die beste Gelegenheit für Anrufe ist nicht am Tage und nicht im Büro, sondern der Abend in der Zeit zwischen 19 und 21 Uhr.

Hüten Sie sich davor, am Wochenende anzurufen. Bestimmt hat eine begehrte, vielseitig beschäftigte Frau bereits etwas Interessanteres vor, als den ganzen Samstag oder Sonntag auf das Telefon zu starren und auf Ihren Anruf zu hoffen.

40

Für das Telefonat wählen Sie also einen gewöhnlichen Arbeitstag gegen Wochenmitte und verabreden sich auch für einen solchen mit ihr.

Abgesehen davon, daß die erste Verabredung im allgemeinen noch relativ unverbindlich ist, sind Sie im Zweifel auch davon befreit, Ihre Begleitung nach dem Abendessen zu einem Drink auszuführen, denn Sie müssen ja beide am anderen Tag früh aufstehen. Damit haben Sie einen guten Grund, sich nach dem Essen zurückzuziehen, wenn sich die Dame wider Erwarten als langweilig und uninteressant entpuppen sollte.

Aber noch sind Sie ja am Telefon dabei, die Verabredung zu treffen.

Fragen Sie die Dame ruhig frei heraus, ob sie nicht Lust hätte, mit Ihnen essen zu gehen. Selbstverständlich entscheiden *Sie*, wohin es geht. Fragen Sie um Himmels willen nicht, in welches Restaurant sie gehen möchte; einer Frau wird diese Frage mittlerweile so oft gestellt, daß sie es leid ist, immer wieder selbst die Entscheidung treffen zu müssen.

Die Wahl des Restaurants für den ersten Abend sollte genauestens überlegt und perfekt getroffen sein. Reservieren Sie in einem kleinen Lokal, in dem naturgemäß alles ein wenig näher zusammenrückt.

Ein wichtiger Aspekt bei Ihren Überlegungen ist die richtige Beleuchtung. Leider begehen Gastronomen heute oft den Fehler, ihre Gäste bei zu hellem Licht zu bewirten. Dies ist zwar sehr zeitgemäß, nimmt den Restaurants aber jede entspannte Atmosphäre. Gerade Frauen reagieren darauf sehr sensibel; sie fühlen sich in

Die Wahl
des Restaurants

41

gedimmtem Licht meistens bedeutend wohler und mit ihrem Sinn für Romantik besser aufgehoben.

Der Versuchung, ein Restaurant zu wählen, das gerade en vogue ist, sollten Sie nicht nachgeben. Die Gefahr, dort aus ebendiesem Grund lauter Freunde, Bekannte und Geschäftspartner zu treffen, ist groß, und Sie wollen sich doch voll und ganz Ihrer Begleitung widmen.

Es versteht sich auch von selbst, daß Sie am ersten Abend jede Art von Kettenrestaurant meiden. Sie brauchen sich nur vorzustellen, wie Ihre Auserwählte am anderen Tag ihrer besten Freundin erzählt, Sie hätten sie ins Steak-House geführt – sie wird Ihnen in dem Bericht weniger Platz einräumen als der Qualität des Fleischs, und dies wird für alle Zeiten der letzte Gedanke sein, den Sie an Ihre Person verschwendet.

Die erste Begegnung Sie haben nun zum passenden Zeitpunkt bei der Auserwählten angerufen, eine Verabredung zum Essen getroffen und im Lokal reserviert. Stellen Sie ihr frei, ob Sie sie abholen dürfen oder ob sie sich lieber im Restaurant mit Ihnen treffen möchte, denn manchmal ist es Frauen lieber, nicht gleich bei der ersten Verabredung von zu Hause abgeholt zu werden. Damit kommen wir zum Thema Pünktlichkeit.

Pünktlichkeit Pünktlichkeit ist zwar die Höflichkeit der Könige, aber wenn Sie Ihre Begleiterin abholen sollten, wird Sie ihnen dankbar sein, wenn Sie sich fünf bis zehn Minuten verspäten. Frauen sind in den seltensten Fällen zum verabredeten Zeitpunkt ausgehfertig. Treffen Sie sich aber erst im Restaurant mit ihr, so ist es hingegen Ihre Pflicht, fünf Minuten früher als

42

verabredet zu erscheinen. Keine Frau wartet gern allein in der Öffentlichkeit.

Wo immer Sie sich begrüßen, sei es vor ihrer Tür, sei es im Restaurant, verzichten Sie bitte auf das beliebte Küßchengeben. Es wirkt bei der ersten Verabredung schlichtweg albern und zeugt gerade nicht vom gewissen Etwas eines Mannes mit Stil.

Kein Küßchen in Ehren.

Falls Sie, und das kann in den besten Restaurants vorkommen, noch ein wenig auf Ihren Tisch warten müssen, bestellen Sie für sich beide erst einmal einen Drink. Versuchen Sie, zu Beginn eines Gesprächs ein aktuelles Thema zu finden; politischer Natur sollte es nur dann sein, wenn Ihre Begleiterin offenkundiges Interesse für Fragen dieser Art zum Ausdruck bringt. Im Laufe des Abends werden Sie durch genaues Zuhören, sensible Interpretation und daraus resultierenden geschickten Fragen herausfinden, an welchen Themen Ihr Gegenüber interessiert ist.

Manche Männer begehen immer wieder den Fehler, bei der ersten Verabredung zu viel über sich selbst zu sprechen. Versorgen sie Ihre Partnerin bei der ersten Begegnung nur häppchenweise mit Informationen, die sie braucht, um sich ein Bild von Ihnen machen zu können. Sie erwecken sonst den Anschein eines selbstorientierten Menschen und verscherzen sich die Chance, auch als Zuhörender geschätzt zu werden.

Gesprächsthemen

Vermeiden Sie bitte auch, Ihrer Angebeteten schon am ersten Abend von Ihren Problemen zu erzählen und Ihr das Herz auszuschütten. Das wäre verfrüht und könnte sogar peinlich wirken. Wenn Sie sich ausheulen möchten, gehen Sie zu einem Psychiater.

Bringen Sie sanft Ihre Stärken zum Ausdruck, und erwecken Sie niemals den Anschein von Hartherzigkeit. *Und*, das ist wichtig: Zeigen Sie Humor. Humor ist ein weiter Begriff, aber es darf Ihnen zuzutrauen sein, daß Sie zwischen Heiterkeit und Albernheit unterscheiden können und daß Sie das Niveau Ihres Humors nicht an Stammtischwitzen messen.

Wenn Sie es im Laufe des Abends geschafft haben, Ihr reizendes Gegenüber dahin zu bringen, über sich selbst zu sprechen, ist die erste Schlacht geschlagen. Versinkt die Dame jedoch langsam, aber sicher in Teilnahmslosigkeit, dann geben Sie auf, bevor es ganz zu spät sein könnte. Lassen den Abend später Revue passieren, um die Schwachstellen der Begegnung herauszufinden.

Auf das Dessert verzichten Sie in diesem Fall besser. Gut trifft es sich, daß Sie am anderen Tag »leider wirklich schrecklich früh« aus den Federn müssen.

Die Bewältigung mißlungener Abende ist jedoch nicht Gegenstand dieses Buches. Aber Sie sind ja auch längst auf dem richtigen Weg und unterhalten sich inzwischen so gut, daß die Aufmerksamkeiten des Kellners nur noch als Störung empfunden werden.

Worte der Bewunderung

Vermeiden Sie es, während Gesprächspausen Ihre Blicke durchs Lokal wandern zu lassen, als müßten Sie das nächste Thema an den Haaren herbeiziehen oder hielten nach jemand anderem Ausschau. Nutzen Sie lieber die Gelegenheit, Ihrer Herzdame Komplimente zu machen, denn nichts hört sie lieber als Worte der Bewunderung. Die dürfen natürlich nicht angestaubt und abgegriffen wirken, aber da Sie von Ihrem Gegen-

44

über immer faszinierter sind (hoffentlich!), werden Ihnen auch immer mehr entzückende Details an ihr auffallen, die der Erwähnung wert sind und die Sie fein dosiert in die Unterhaltung einstreuen.

Etwas Entscheidendes vergessen die Herren gern (und die wenigsten beherrschen es): Frauen reagieren unglaublich auf die »richtigen« Blicke. Starren Sie ihr nicht in die Augen, als wollten Sie sie hypnotisieren. Himmeln Sie sie auch nicht an; das käme einer Bedrängnis gleich, in die sie wahrscheinlich noch lange nicht geraten möchte. Eine skeptische Musterung von Kopf bis Fuß kommt schon gar nicht in Frage, denn keine Frau möchte den Eindruck haben, wie eine Ware taxiert zu werden.

Der richtige Blick

Ihr Blick ist vielmehr ruhig und beherrscht, fast lässig, ohne cool zu sein. Streifen Sie ihren Mund, ihr Haar, ihren Hals mit Ihren Blicken ohne dabei gierig zu wirken. Es muß wie ein Hauch kommen, wie eine flüchtige Berührung. Testen Sie es ruhig einmal bei einer Ihrer Mitarbeiterinnen, Ihrer Friseurin, irgendwo in der Öffentlichkeit bei Damen, die Sie (noch) nicht kennen – Sie werden über die Reaktionen verblüfft sein.

Über gute Tischmanieren möchte ich an dieser Stelle nichts sagen, ich widme ihnen später noch ein ganzes Kapitel. Hier möchte ich nur stillschweigend voraussetzen, daß Sie sich ihrer Bedeutung bewußt sind und selbstverständlich darauf achten.

Zum Thema »Alkohol« jedoch ist hier durchaus ein Wort am Platz. Trinken Sie am ersten Abend aus lauter Unsicherheit bloß nicht soviel, daß Sie sich hinterher nicht mehr ans Steuer setzen dürf(t)en. Bleiben Sie

Alkohol?

45

möglichst nüchtern – auch, um Ihr Gegenüber noch nüchtern einschätzen zu können. Denn Alkohol verzerrt nun einmal den Blick für die Realitäten und legt einen im Wortsinn »beschönigenden« Schleier über alles, die Dame inklusive. Und es wäre doch schade, wenn Sie sich zu Fehlurteilen hinreißen ließen, die Ihnen später vielleicht leid tun.

Wenn es am schönsten ist . . .

Nach einem rundum gelungenen Abendessen verlassen Sie das Restaurant gemeinsam. Damit der Dame aber auch der ganze Abend in immerwährender (positiver!) Erinnerung bleibt, gilt es jetzt noch das eine oder andere zu beachten. Bitte verkneifen Sie sich die Frage an Ihre Begleiterin, ob sie noch irgendwo einen Drink mit Ihnen nehmen möchte; ihr Beisammensein war schön und sollte die Vorfreude auf kommende Begegnungen schüren. Sie bringen die Dame also in aller Gelassenheit nach Hause. Wenn Sie ein Taxi nehmen, fragen Sie Ihre Begleiterin, wohin Sie sie bringen dürfen.

Andererseits ist es aber auch gut möglich, daß die Dame von sich aus die Idee kommt, den Abend mit einem Drink in einer Bar ausklingen zu lassen. Diesen Vorschlag abzulehnen hieße wertvolle Punkte, die Sie bereits gewonnen haben, zu verschenken. (Die Drinks zahlen selbstverständlich *Sie*.) Übrigens, eines sei am Rande noch bemerkt: Auch wenn Sie mehrere Lokale besuchen – Sie allein haben Ihre reizende Begleitung zu diesem Abend verführt, und Sie allein kommen für die Rechnungen auf.

Die Zeit danach

Das Kapitel »Die erste Verabredung« ist damit aber noch nicht abgeschlossen, denn auf diesem Rendezvous beruht Ihre Strategie für die folgende Zeit. Am Tag danach ist es nicht nur ein Gebot der Höflichkeit, sondern geradezu Ihre Pflicht, sich bei der Dame für den unterhaltsamen Abend zu bedanken. Warten Sie damit aber ruhig bis zum Abend, um ihr die Möglichkeit zu geben, sich im Laufe des Tages in der gleichen Absicht bei Ihnen zu melden.

Gesetzt den Fall, der Abend war tatsächlich vielversprechend, dürfen Sie in Ihrer Begeisterung jetzt aber nicht übers Ziel hinausschießen und ihr bereits bei diesem Telefonat, dessen einziger Grund ein ebenso höflicher wie freundlicher Dank ist, die nächste Verabredung vorschlagen. Die Dame hat schließlich den positiven Eindruck eines lässigen und besonnenen Mannes von Ihnen gewonnen, und den sollte sie doch noch eine Weile behalten!

Sie warten dann also ein bis zwei Wochen ab, bevor Sie wieder zum Telefonhörer greifen – wenn sie Ihnen nicht zuvorkommt. Stellen Sie sich rechtzeitig auf diese mögliche Überraschung ein, damit Sie auch in diesem Fall die gewohnte Sicherheit ausstrahlen.

Wenn Sie sie dann also anrufen, laden Sie sie beispielsweise zu einem Kinobesuch ein, aber nicht unbedingt zu einem Horrorstreifen und auf gar keinen Fall einem Kriegsfilm; eine niveauvoll gemachte Liebesromanze erfüllt Ihre (und ihre) Zwecke viel besser.

Wichtig ist jetzt vor allem eines: Geben Sie Ihrer neuen Flamme am Anfang nur nicht das Gefühl, daß Sie uneingeschränkt für sie da sind. Beobachten Sie sie genau und achten Sie auf jede Veränderung, die Fortschritte andeutet. Wenn sich Ihre Traumfrau für die zweite Verabredung mit Ihnen besonders hübsch macht,

Machen Sie sich rar

47

ist dies ein deutliches Zeichen, und irgendwann wird Sie Ihnen mehr signalisieren. Vielleicht, daß Sie sie zu sich nach Hause einladen dürfen, etwa um . . . gemeinsam etwas in der Küche zu zaubern . . .

Aber dazu später.

Kapitel 4

Tischmanieren –
die meisten Männer fallen durch

Was in den Büchern über moderne Umgangsformen,
die in den letzten Jahren erschienen sind, für meine Be-
griffe vernachlässigt wurde, ist die Tatsache, daß die
emanzipierte Frau, die heute auf jeder Ebene Gleichberechtigung fordert, nach wie vor größten Wert auf
gute Tischmanieren legt. (Nicht nur sie übrigens, sondern auch viele Vertreter des sogenannten starken Geschlechts.)

Wenn Sie also meinen, auf wirklich gute Manieren
verzichten zu können, befinden Sie sich entschieden im
Irrtum. Es sei denn, Ihre Traumfrau ist in dieser Hinsicht ebenso nachlässig wie Sie. Dann laden Sie sie am
besten zur nächsten Imbißbude ein – dort bewegen Sie
sich beide auf sicherem Parkett.

Sollten Sie aber eine selbstbewußte und anspruchsvolle Dame zum Essen ausführen, schreiben Sie sich das
Wort »Etikette« groß hinter die Ohren. Es kann schon
ein Fehler genügen, und Sie sind aus dem Spiel. Ihre
Auserwählte wird sich kaum ein zweites Mal von Ihnen
einladen lassen, und falls sie sich doch wieder zu einer
Verabredung mit Ihnen überreden läßt, dürfen Sie sich
nicht wundern, wenn sie unter Ausschluß der Öffentlichkeit stattfindet.

Allgemeine Grundlagen des guten Benehmens vor-
aussetzend, habe ich einige Tips und Regeln zusam-

mengestellt, die Sie unbedingt verinnerlichen sollten. Falls Sie allerdings nicht einmal wissen, daß man an einem gedeckten Tisch, der Gangfolge entsprechend, das Besteck der Reihe nach von außen nach innen benutzt, schlagen Sie dieses Buch gleich wieder zu. Sie müssen erst einmal ganz andere Dinge lernen, bevor Sie sich an eine Dame heranwagen.

Betreten des
Restaurants
Vor dem Betreten des Restaurants, in dem Sie mit Ihrer Begleitung speisen werden, lassen Sie altbewährte Höflichkeit walten und öffnen ihr die Tür, betreten das Lokal als solches jedoch als erster. Verfügt das Restaurant über eine Zwischentür, lassen Sie Ihrer Begleiterin den Vortritt, gehen allerdings, sobald Sie das Restaurant betreten, voraus. Es versteht sich von selbst, daß Sie ihr aus Mantel oder Jacke helfen und sich diese Aufgabe nicht von einem Ober abnehmen lassen, während Sie womöglich mit den Händen in den Taschen danebenstehen und unwillkürlich den Eindruck erwecken, als hielten Sie derlei Aufmerksamkeiten für altmodischen Firlefanz.

Auf dem Weg
zum Tisch
Der Ober hat Sie inzwischen nach dem Namen gefragt, auf den Ihr Tisch reserviert wurde, und geht Ihnen voraus, wobei die Dame dem Ober und Sie der Dame folgen. (Bei einer Gesellschaft zu viert folgt nach dem Ober eine Dame, dann ein Herr, gefolgt von der anderen Dame und abschließend ein Herr. Führt kein Ober zum reservierten Tisch, geht der Herr voran; die Vierer-Gesellschaft wird in diesem Fall von einem der Herren geführt, dem die beiden Damen und abschließend der andere Herr folgen.)

Sie setzen sich natürlich erst, wenn Ihre Begleitung rechts neben Ihnen Platz genommen hat (beziehungsweise wenn alle anwesenden Damen sich gesetzt haben). So der Ober den Stuhl Ihrer Dame nicht vom Tisch gerückt hat, ist es Ihre Aufgabe, Ihrer Begleiterin in dieser Weise behilflich zu sein.

Sie haben Platz genommen und schlagen der Dame vor, einen Aperitif zu nehmen. Begehen Sie nun nicht den Fehler, bereits jetzt mit ihr anzustoßen. Diese krönende Geste hat bitte bis zum Wein zu warten. Aperitif

Der Ober reicht Ihnen nun die Speisekarte. Verstecken Sie sich nicht dahinter. Beraten Sie sich vielmehr mit Ihrer Begleiterin über die angebotenen Speisen, was ihr und nicht zuletzt Ihnen die Auswahl erleichtern kann. Die Bestellung für beide geben als Gentleman Sie auf. Speisekarte

Glück und Glas können leicht brechen, wenn man Gläser und ihren Inhalt falsch einschätzt und behandelt. Widmen wir uns also den Getränken. Fragen Sie Ihre Tischdame, ob sie Weißen oder Roten zum Essen bevorzugt. (Es gibt zwar gewisse Grundregeln, welcher Wein wozu paßt, entscheidend ist aber die persönliche Vorliebe.) Getränke

Bestellen Sie tunlichst keinen Wein, der gerade besonders in Mode ist, es zeugt nicht gerade von Phantasie und Kennerschaft.

Sie wissen immerhin, daß Rotwein in ein größeres und Weißwein in ein kleineres Glas gehört. (Wenn es Ihnen jedoch bislang entgangen sein sollte: Spätestens wenn der Ober das erste Schlückchen zum Probieren einschenkt, erfahren Sie's ohnehin.)

Wenn Sie in größerer Gesellschaft zum Abendessen eingeladen sind, warten Sie mit dem Trinken grundsätzlich, bis der Gastgeber das Glas erhebt.

Ein Glas zu erheben scheint ein einfach' Ding, doch selbst dabei lauern Fettnäpfchen: Das Glas sollte nämlich ordentlich am Stiel angefaßt werden; also weg vom Bauch. Erst richtig fettig wird es, wenn Sie versäumen, sich den Mund mit der Serviette abzutupfen, bevor Sie das Glas zum Mund führen. Es gibt wenig, was unappetitlicher und unerotischer wirkt als fettbeschmierte Gläser.

Und noch etwas: Achten Sie stets darauf, daß die Gläser, ob für Wein oder für Wasser, nie leer sind; ist kein Ober zum Nachfüllen greifbar, schenken Sie unaufdringlich nach.

Brot und Butter Es ist heute in Restaurants üblich, vor dem Essen Brot und Butter auf den Tisch zu stellen. Wenn Sie sich davon nehmen, brechen Sie das Brot in kleine Stücke und bestreichen diese mit etwas Butter (aber nicht so bearbeiten, als wollten Sie sich eine Stulle schmieren).

Sie haben nun die Zeit bis zum Auftragen der Speisen formvollendet bestritten. Mit dem Essen beginnen Sie beide grundsätzlich gemeinsam, auch wenn nicht zur gleichen Zeit serviert wird. Sollte das für Sie bestimmte Gericht noch auf sich warten lassen, bitten Sie Ihre Tischdame, ruhig mit dem Essen zu beginnen. Umgekehrt sind Sie jedoch keineswegs berechtigt, sich Ihrem Teller schon zu widmen, selbst wenn Sie ausdrücklich dazu aufgefordert werden.

Guten Appetit? »Guten Appetit« zu wünschen sparen Sie sich besser; es klingt schlichtweg spießig. Nur wer selbst gekocht hat, wünscht seinen Gästen einen guten Appetit.

Suppe Der Verzehr der Suppe als Vorspeise unterliegt Regeln der Tischkultur, die von Land zu Land unterschiedlich sind. Bei uns führen Sie den Suppenlöffel halb mit der breiten Seite und halb mit der Spitze zum Mund, in England und Frankreich ganz mit der breiten. Nie und nirgendwo kommen Sie jedoch auf den Gedanken, Suppe aus Tassen zu trinken, so sie in solchen serviert wird. Sie bieten sonst einen unappetitlichen Anblick, der wahrlich von keiner feinen Kinderstube zeugt. Abschließend wird der Suppenlöffel übrigens auf den Unterteller gelegt.

Legen Sie, aus welchen Gründen auch immer, während des Essens das Besteck aus der Hand, wird es nicht mit dem vorderen Teil auf den Tellerrand und mit dem Griffende auf den Tisch gelegt. Es gehört grundsätzlich in ganzer Länge seitlich auf den Tellerrand.

Besteck

Müssen Sie sich während des gemeinsamen Essens vom Tisch erheben, beispielsweise, weil Sie ans Telefon gerufen werden, springen Sie nicht überhastet auf, sondern erheben sich gemessen zu einem höflichen Abgang. Sie bitten Ihre Begleiterin um Entschuldigung, legen Ihre Serviette leicht zusammengefaltet auf die rechte Seite Ihres Platzes und schieben Ihren Stuhl wieder an den Tisch, nachdem Sie sich erhoben haben. Sollte sich Ihre Tischdame vom Platz erheben müssen, deuten Sie ein Aufstehen an, das Sie wiederholen, sobald sie an den Tisch zurückkommt.

Verlassen des Tisches

Wenn Sie beim Speisen von einem Bekannten entdeckt werden, der an Ihren Tisch tritt, um Sie zu begrüßen, geben Sie ihm *nicht* die Hand – auch dann nicht, wenn er zu jenen Zeitgenossen gehört, die ihre Rechte ausstrecken, weil sie nicht wissen, daß man während des Essens einfach keine Hände schüttelt.

Sie hingegen wissen es ...

Begrüßung während des Essens

Und noch etwas: Manche Männer glauben, es mache ordentlich was her, wenn sie bei romantischen Abendessen eines jener Funktelefone mit sich führen, die heutzutage schon so klein sind, daß sie in jede Jackentasche passen. Ob Telefon, Diktiergerät für kurze Memos an die Sekretärin oder Kleinstcomputer zwecks spontankreativer Kursberechnungen: all das stört nicht nur bei Tisch, sondern macht auch jegliche Atmosphäre zunichte. Vor allem aber vermitteln Sie Ihrer Begleitung damit das unangenehme Gefühl, Sie legten es auf Biegen und Brechen darauf an, in Ihrer Bedeutung bloß nicht verkannt zu werden. Ein wirklich wichtiger Mann jedoch ist so gut organisiert, daß er es sich ohne weiteres erlauben kann, seiner Verabredung genau die Zeit zu widmen, die ein gepflegter Restaurantbesuch in Anspruch nimmt.

Lecker? Es bleibt nicht aus, daß während des Essens oder danach über die Qualität der Speisen gesprochen wird. Sollte es Ihnen gut schmecken, bezeichnen Sie das Menü als köstlich, hervorragend, ausgezeichnet oder unübertroffen, aber vermeiden Sie *ein* Wort: lecker. Diese Vokabel gehört zum Idiom von Imbißbudengästen, nicht in Ihren Wortschatz.

Gewissermaßen »unartig« ist es auch, den Teller nach dem Essen von sich zu schieben.

Die Rechnung Mit einem Digestif oder Kaffee nähert sich Ihr Restaurantbesuch dem Ende und damit auch der Rechnung, die selbstverständlich an Sie geht. Sorgen Sie dafür, daß sie Ihnen unauffällig präsentiert wird. Waren Sie mit einer Gruppe zum Essen verabredet, teilen sich die Her-

54

ren die Rechnung, ohne dabei kleinlich auf den letzten Pfennig zu sehen. Üben Sie Großzügigkeit auch in Sachen Trinkgeld, aber übertreiben Sie es nicht. (Siehe auch das entsprechende Kapitel in diesem Buch.)

Bei einem privaten Anlaß lassen Sie sich niemals eine geschäftlich verwertbare Quittung ausstellen. Sie geben Ihrer Begleiterin sonst das Gefühl, zum absetzbaren Inventar zu gehören.

Quittung

Beim Verlassen des Lokals geht die Dame voraus. Sind Sie zu mehreren, geht zuerst eine Dame, gefolgt von einem Herrn, bis die Reihe von einem Herrn abgeschlossen wird. Selbstverständlich sorgen Sie dafür, daß Ihre Begleiterin wohlbehalten nach Hause kommt; es gilt das im Kapitel »Die erste Verabredung« Besprochene.

Verlassen des Restaurants

Wichtig ist bei allen Regeln für gute Umgangsformen und Tischmanieren, daß Sie sich lässig, aber nicht übertrieben salopp geben. Der eine oder andere kleine Fehler wird Ihnen eher nachgesehen, als wenn Sie verkrampft oder unsicher auftreten. Geben Sie sich natürlich und zeigen Sie einer Dame ohne eine Spur von Überheblichkeit, daß Sie sich sicher auf diesem Parkett bewegen.

Sollten Sie meine Ratschläge und die Regeln für Tischmanieren für überzogen halten, dann denken Sie immer daran, daß eine Frau eine nachhaltig positive Erinnerung nur an den Mann hat, der sich bei Tisch formvollendeter zu benehmen weiß als seine Mitstreiter.

Kapitel 5

Besuch zu Hause –
der kluge Mann baut vor

Handelt es sich bei Ihnen um den typischen Pedanten, dem Ruhe, Ordnung und Sauberkeit in den eigenen vier Wänden wichtiger ist alles andere andere, laden Sie nie eine Dame zu sich nach Hause ein. Sie wird sich nach spätestens 15 Minuten grußlos verabschieden und sich draußen mit einem lauten Schrei Luft machen.

Einen ähnlichen Abgang hatte eine Dame, die einen Mann besuchte, den sie als durchaus liebenswert kennengelernt hatte, dessen Wohung aber ein wenig liebenswertes Chaos war. Hören Sie gut zu, Herr Pedant und Herr Chaot: Wenn sie der Meinung sind, daß Ihre Wohnung sei, wie sie nun einmal sei, und Besucherinnen sie halt so nehmen müßten, wie sie ist, dann stehen Sie jeden Morgen mit zwei falschen Beinen auf.

Wohnen mit Stil Tatsache ist, daß das Zuhause eines Mannes den Anspruch widerspiegelt, den er an das Leben stellt, und daß sich der Stil, den er verkörpert, auch in seiner Wohnung niederschlagen muß. Wie das zusammenpassen soll, wissen viele Ihrer Artgenossen offenbar nicht. Da gibt es Männer, die, gut gekleidet und vom Scheitel bis zur Sohle bestens ausgestattet, einen perfekten Eindruck machen. Besucht man sie dann in ihrer Wohnung, hält man es kaum für möglich, wie jemand in einer derart geschmacklosen Umgebung leben kann.

Bitte sehr, wenn die Herren der Schöpfung unter sich

sind, kann das Domizil, in dem *mann* sich trifft, aussehen, wie es will. Bevor Sie aber eine Dame empfangen, die möglicherweise sogar das erste Mal zu Ihnen kommt, sollten Sie dringend ein paar Hausaufgaben erledigen. Mit ein bißchen Staubwischen hier, ein wenig Möbelrücken da und etwas Teppichfransenkämmen dort ist es nicht getan. Sie inszenieren vielmehr den Besuch und schaffen mit wenigen, aber wirkungsvollen Handgriffen eine Bühne, auf der sich die Dame so wohl fühlt, daß sie wie selbstverständlich Zugaben gibt.

Nun halten Sie sich für einen klugen Mann und fragen sich, warum Sie Ihre Wohnung stundenlang nach Schwachstellen absuchen sollen, wenn Sie sich mit Ihrer neuen Eroberung nur auf einen kurzen Drink verabredet haben und anschließend gemeinsam ausgehen wollen. Dann halte ich Ihnen entgegen: Was sind Sie eigentlich für ein phantasieloser Mensch? Wäre es Ihnen nicht viel lieber, die Dame bliebe auch auf einen zweiten und dritten Drink, weil Sie sich bei Ihnen so wohl fühlt, daß sie den geplanten Kino-, Theater- oder Restaurantbesuch schlichtweg sausen läßt? Und noch etwas: Selbst während eines Aufenthaltes von nur einer Viertelstunde schnappt eine Frau mehr Eindrücke von Ihrer Wohnung auf, als Sie ahnen.

Eine Frau ist neugierig! Egal, welcher Anlaß sie über Ihre Schwelle führt, sie betritt Ihr Heim mit dem Gedanken »Zeige mir, wie du wohnst, und ich sage dir, wer du bist«.

Ich sehe einige von Ihnen ratlos mit der Schulter zucken. Sie finden, Ihr Zuhause sei die beste aller Wohnungen, gemütlich und praktisch zugleich, elegant, aber romantisch eingerichtet, die richtigen Accessoires am

57

richtigen Platz. Begleiten Sie mich auf einen kleinen Streifzug durch Ihre vier Wände. Sie werden erhellende Momente erleben und auf Dinge stoßen, die Ihnen vorher im Traum nicht eingefallen wären.

Ordnung und Chaos Ordnung sei das halbe Leben, sagen die einen, die Mutter allen Wahnsinns, die anderen. Ich sage: Halten Sie es mit der Ordnung in Ihrer Wohnung bloß nicht so genau wie ein Feldwebel beim Appell, der die Betten der Rekruten mit Winkelmaß und Zirkel inspiziert. Ihr Zuhause soll nicht wie ein penibel-steriler Zweckbau wirken, in dem Sie wie ein Oberpedant thronen und in dem etwas so Unordentliches wie *Leben* nicht vorgesehen ist. Lassen Sie Ihren Lieblingspullover auf dem Sofa oder einen aufgeschlagenen Kunstband vor dem Kamin liegen, Ihre Teetasse auf dem Tisch stehen oder die Hermès-Krawatte über der Stuhllehne hängen. Geben Sie Ihrem reizenden Besuch das Gefühl, daß eine Frauenhand bei Ihnen nicht schaden könnte. Was unaufgeräumt ist, bietet Frauen (die im Gegensatz zu Männern mit einem gesunden Sinn fürs Praktische ausgestattet sind) ein dankbares Betätigungsfeld. Nur richten Sie nicht gleich ein mittelschweres Durcheinander an – Chaoten wecken selten Muttergefühle.

Wie dem auch sei: Jetzt kommt sie. Und hier nun ein Satz, der als Begrüßungsformel absolut tabu ist. Sprechen Sie ihn trotzdem in dieser oder ähnlicher Form aus, werden Sie schon sehen, was Sie davon haben. Er lautet: »Ziehen Sie doch bitte Ihre Schuhe aus, wenn Sie hereinkommen; ich habe gerade erst Staub gesaugt.«

Kommen Sie auch nie auf die Idee, die ganzen Sachen, die unaufgeräumt in Ihrem Wohnzimmer liegen, einfach ins Arbeitszimmer oder gar ins Schlafzimmer zu werfen und schnell die Tür zuzumachen. »Aus den Augen, aus dem Sinn« gilt nicht, meine Herren. Eine Frau findet garantiert einen Vorwand oder einen unbeobachteten Moment, in dem sie einen Blick in die anderen Zimmer Ihrer Wohnung werfen kann. Präparieren Sie *alle* Räume, und geben Sie Ihrem Besuch absichtlich Gelegenheit, sich frei und ungezwungen in Ihrer Wohnung bewegen zu können, sei es, während Sie in der Küche mit dem Wein beschäftigt sind oder eine Kleinigkeit zubereiten, oder sei es . . . nein, die geschickteste Taktik verrate ich Ihnen erst, wenn Sie alle Hausaufgaben gemacht haben.

Dazu gehört als nächstes das *Licht*. Schon die richtige Beleuchtung schafft eine stimmigere Atmosphäre. Experimentieren Sie ruhig ein wenig, aber kommen Sie nicht auf die (allzu pragmatische) Idee, sämtliche Lichter und Lampen leuchten zu lassen, die Sie haben, damit die Dame auch ja ganz genau sieht, was für eine tolle Wohnung Sie haben. Dann können Sie ihr statt eines Drinks auch gleich eine Sonnenbrille reichen, und jede Stimmung ist dahin. In allen Räumen Kerzen über Kerzen brennen zu lassen, ist allerdings auch nicht das Wahre. Gut gemeint, aber es könnte lächerlich wirken. Den Wunsch, eine romantische Stimmung herbeizuzaubern, lassen Sie am besten Ihren Besuch realisieren: Lassen Sie sie zum richtigen Zeitpunkt einen Augenblick allein und geben Ihr Gelegenheit, mit der Beleuchtung zu spielen. Kommen Sie dann allerdings ins Zimmer zurück und müssen feststellen, daß es heller erleuchtet ist als vorher, so haben Sie irgend etwas falsch gemacht. Bereiten Sie sich in diesem Fall auf ein schnelles Ende des gemeinsamen Abends vor.

Die passende Musik Hinsichtlich Ihres Musikprogrammes gibt es eigentlich nur drei Regeln: Erstens dudelt im Hintergrund kein beliebiger Sender mit Nachrichten und Werbung zwischen den Musikblöcken, zweitens kommt extreme Lautstärke nicht in Frage, weil die Musik der abrundenden Untermalung dient, und drittens sollten Sie keine Musik auswählen, die ausschließlich eingeweihten Minderheiten gefällt. Klassisch darf Ihr Repertoire sein, aber nicht zu schwer, leicht und beschwingt sollte es sein, beruhigend und anregend zugleich.

Wenn Sie den Musikgeschmack der Dame inzwischen kennen, sollten Sie nicht so oberschlau sein und vom Beginn ihres Besuches an einzig »ihre« Musik spielen. Während Sie glauben, ihr damit eine Freude zu machen, bekommt sie das peinliche Gefühl, Sie wollten sich bei ihr anbiedern (oder denkt, Sie selbst hätten gar keine Vorlieben). Es ist allerdings nicht verkehrt, Musik, die sie mag, vorrätig und jederzeit einsatzbereit zu haben; Sie wissen vorher ja nie genau, wie sich der Abend entwickelt, und wenn sie nur bei Heavy-Metal in Fahrt kommt . . .

Blumen Und jetzt bin ich gespannt, was Ihnen zum Stichwort »Blumen« einfällt. Nein, Sie sollten keine besonders wertvolle Vase bereitstellen, für den Fall, daß Ihnen die Dame Blumen mitbringt (was ohnehin nicht den Regeln entspräche). Wer nun grübelt, ob er etwa seinem Besuch einen Strauß schenken soll, disqualifiziert sich damit ebenso nachdrücklich. Dabei ist es doch so einfach, meine Herren: Frauen lieben Blumen um ihrer selbst willen und weil Blumen heitere Noten in die

Wohnung bringen, farbige Akzente setzen und Leben-
digkeit ausstrahlen. Eine Frau achtet sehr wohl darauf,
ob ein Mann Wert auf solche Details in seinem Heim
legt. Auch daraus wird sie schließen, ob ein Mann sich
in seiner Wohnung wohl fühlt und damit in sich selbst
zu Hause ist. Wenn Sie sich bisher gegen Blumen in der
Wohnung als allzu feminines Accessoire gesträubt haben, werfen Sie diese Vorstellung über Bord und achten
einmal auf die entzückte Reaktion Ihrer Haushälterin,
wenn Sie sie bitten, Ihnen von nun an regelmäßig Blumen in die Vase zu stellen.

Widmen wir uns nun noch einmal ausführlich dem
Thema »achtlos liegenlassen«. Das ist eine Kunst, bei
der Sie mit der virtuosen Handhabung einiger weniger
alltäglicher Gegenstände mehr erreichen können als
mit der rosigsten Beschreibung Ihrer Aktienkurse, denn
eine Frau sieht nicht nur alles, sie bewertet es auch.

 In diesem Sinne möchte ich Ihnen zunächst etwas ans
Herz legen, womit Sie bislang möglicherweise ebensowenig im Sinn hatten wie mit Blumen: Poesie. Den
einen oder anderen Herrn, der schon bei den Blumen
das Gefühl hatte, er solle auf Gedeih und Verderb um-
erzogen werden, sehe ich dieses Buch nun zuklappen.
Ich möchte Sie bestimmt nicht davon abhalten, warne
Sie aber: Wenn Sie schon im Vorfeld des ersten Besuches Ihrer Herzdame so wenig Geduld zeigen, dann
kann das Ereignis selbst ein Drama werden, das einmal
und nie wieder auf dem Spielplan Ihrer Privatbühne zur
Aufführung kommt.

 Damit Sie gute Kritiken erhalten, lassen Sie irgendwo
im Raum ein Bändchen mit anspruchsvollen Gedichten

Details der
Inszenierung

61

liegen. Das vermittelt einer Frau den Eindruck, daß sie endlich bei einem empfindsamen Mann mit ausgeprägtem Sinn für Romantik angekommen ist.

»Playboys« und Poesie

Herumliegenlassen dürfen Sie auch etwas aus der völlig entgegengesetzten Ecke – den »Playboy« beispielsweise oder ein ähnliches Herrenmagazin gehobeneren Niveaus. Keine moderne Frau wird Sie deshalb für einen Wüstling halten, sie wird vielmehr das gewisse Casanova-Flair eines Mannes verspüren, der sich in Männerdingen auskennt. Wer jetzt vorschlägt, auch eine Frauenzeitschrift herumliegenzulassen, damit die Dame ihn für einen »neuen« Mann hält, der auch in Frauendingen mitreden will und kann, bekommt eine Sechs. So ein Softie-Weichei, bei dem es keine Schale zu knakken gibt, ist für Frauen uninteressant.

Interessanter wird es für Ihre Besucherin, wenn sie in Ihrer Wohnung etwas entdeckt, womit sie nicht gerechnet hat – etwas, was höchstwahrscheinlich einer anderen Frau gehört. Wenn Sie den Ruf eines Gigolos haben und die Damen mit Ihren Besuchen nichts anderes bezwecken, als sich davon zu überzeugen, ob dieser Ruf zu Recht besteht, rundet es das Bild natürlich ab, wenn Ihre Räume noch vom letzten Zusammensein mit einer anderen Frau zeugen.

Achten Sie also darauf, daß im Badezimmer keine Kosmetiktaschen stehen oder hinter dem Sessel ein spitzenbesetztes Höschen hervorlugt. Möchten Sie allerdings die Phantasie Ihres Besuches beflügeln und der Dame durch die Blume andeuten, daß sie nicht die einzige Frau ist, die Sie attraktiv findet, dann lassen Sie ruhig irgendwo eine unverfängliche Kleinigkeit liegen, etwa einen Lippenstift oder eine von weiblicher Hand geschriebene Herzpostkarte. Daß Konkurrenz das Geschäft belebt, haben jetzt *Sie* gesagt. *Ich* sage nur, daß ein Mann, der sich als offenes Buch präsentiert, weniger intereressant ist als einer, in dem das eine oder andere Rätsel verborgen liegt.

Der Kühlschrank dagegen ist ein Ort, an dem Sie nichts einfach »herumliegen« lassen. Auch dort wird eine Frau über kurz oder lang hineinschauen. Stellen Sie sich vor, Sie sind vollauf damit beschäftigt, weitere Drinks zu mixen, und Ihr Besuch geht in die Küche, um neues Eis zu holen. Dann ist es zu spät, offene Thunfischdosen und angejahrte Käseecken vor ihr zu verstecken.

Der Blick in den Kühlschrank

Aber nicht nur aus diesem Grund sollte der Inhalt Ihres Kühlschrankes Kennerschaft in puncto leiblicher Genüsse signalisieren. Wenn Sie sich nicht ohnehin mit Ihrem Damenbesuch ausdrücklich zum gemeinsamen Kochen oder zu einem privaten Dinner verabredet haben, ist es um so wichtiger, daß sich im Kühlschrank Lebensmittel befinden, die schnell und auserlesen den kleinen Hunger stillen können oder aus denen sich gegebenenfalls auch ein ganzes Abendessen zusammenstellen läßt. Mit frischem Kaviar, Gänseleberpaté und Champagner sind Sie auf dem besten Weg.

Das gemeinsame Kochen bei Ihnen zu Hause ist mir noch ein paar besondere Tips wert. Denn viele Männer neigen dazu, Ihren Damenbesuch dabei völlig unnötig vor allzu vollendete Tatsachen zu stellen. Sie meinen es gut und wollen zeigen, was für ein hervorragender Koch und Organisator sie sind, indem alles bereits bis ins kleinste Detail vorbereitet ist und der Gast nichts

Zu zweit in der Küche

mehr zu tun braucht, als den Mantel abzulegen, sich zu setzen und den Löffel in die Hummersuppe zu tauchen. Doch gerade damit bauen Sie unnötige Hemmschwellen auf, die es Ihrem Besuch erschweren, rasch überflüssige Förmlichkeit und Zurückhaltung aufzugeben.

Lassen Sie ihr doch Raum für freie Entfaltung. Laden Sie sie zum gemeinsamen Kochen ein und schaffen Sie nur die Grundvoraussetzungen. Sie beginnen den Abend ganz ungezwungen in der Küche und arbeiten sich bei einem Glas Wein plaudernd-kochend durch die Zutaten. Viele Frauen finden das nicht nur ausgesprochen romantisch, sondern verspüren dabei auch eine gewisse Verbundenheit mit dem Gastgeber.

Und Sie erweisen sich bitte als guter Teampartner. Besserwisserei ist fehl am Platze. Es wird nicht ständig an dem herumgemäkelt, was Ihre Mitköchin tut, sonst finden Sie sie bald im Wohnzimmer wieder, wo sie gelangweilt Bilder an den Wänden geraderückt, die gar nicht schief hingen. Lassen Sie sich im Gegenteil hin und wieder begeistert von den Feinheiten ihrer eigenen Zubereitungsmethoden überzeugen; erst dann steht am Ende ein echtes Gemeinschaftsprodukt auf dem Tisch, das gerade deshalb um so besser schmeckt.

Den Tisch decken Sie natürlich auch zusammen. Übrigens: Wenn Ihr Besuch oder Sie beide es mit der Zeit in der Küche immer gemütlicher finden, speisen Sie ruhig dort. Kein noch so schickes Eßzimmer kann dieses gewisse gemeinsame Küchen-Feeling ersetzen.

Ganz ungezwungen Ein Gefühl von Ungezwungenheit können Sie auch auf einem Weg erreichen, den viele Männer zu Unrecht als Unhöflichkeit mißverstehen. Schließen Sie doch einmal die Augen und denken Sie an vergangene Damenbesuche zurück. Haben sie nicht meistens einen schleppenden Anfang genommen? Die Dame betritt Ihr Wohnzimmer, Sie bitten sie, Platz zu nehmen, und setzen sich ihr gegenüber. Man schlägt die Beine übereinander, faltet die Hände auf den Knien und lächelt einander an. Und nun?

Wie Katzen um den heißen Brei schleicht man auf der Suche nach verbindenden Gesprächsthemen einher, und der mühselige Weg dorthin ist gespickt mit stocksteifen Allerweltsdingen wie Wetter, Weltlage, Filmpremieren und Anekdoten aus der Firma.

Es geht auch anders, meine Herren. Lassen Sie die Dame gleich spüren, daß Sie ein ungezwungener Mann sind, der mitten im Leben steht und damit umzugehen weiß. Gehen Sie, nachdem Sie Ihren Besuch empfangen haben . . . *duschen.*

Der Trick: duschen

Wieder sehe ich in einigen Gesichtern erhebliche Zweifel, aber die meisten haben mitgedacht und ahnen schon, was ich jetzt vorschlagen möchte. Empfangen Sie Ihren Besuch noch im Büroanzug und spielen Sie mit dem (tatsächlichen oder vorgespiegelten) Tatbestand, daß Sie erst ein paar Minuten vor Eintreffen der Dame aus dem Büro gekommen sind, weil etwa eine wichtige Besprechung länger gedauert hat, als vorauszusehen war. Es ist die natürlichste Sache der Welt, wenn Sie sich jetzt für eine kurze Zeit zurückziehen, um schnell zu duschen und sich umzuziehen. Sie bitten also Ihren Besuch, es sich einstweilen bequem zu machen und sich ganz wie zu Hause zu fühlen; selbstverständlich könne sie sich gern ein wenig umschauen. Sie bieten ihr einen Drink an oder stellen es ihr frei, sich im Kühlschrank oder an der Hausbar selbst zu bedienen. Dann sind Sie weg – und die Dame reibt sich die Hände.

Sie natürlich auch. Sie haben ihr nun die Möglichkeit gegeben, auf all die kleinen Dinge aufmerksam zu werden, die Sie vorher mit so viel Sorgfalt arrangiert haben. Sie kann sich ganz ungezwungen durch Ihre Wohnung bewegen und Einrichtung, Bücherregal, Plattensammlung, Küche und Kühlschrank inspizieren – mit anderen Worten: Sie kann Ihren Geschmack und Lebensstil begutachten und feststellen, ob sie ihren Vorstellungen entsprechen.

Kaum zu glauben, wie viele Fliegen Sie da mit einer einzigen Klappe schlagen. Bei Ihrer Besucherin wird die Hemmschwelle herabgesetzt, und Sie umgehen mehr oder weniger zähe Gesprächsanfänge, weil die Dame allerlei entdecken darf, worauf sie Sie später direkt ansprechen kann. Wenn sie im Hintergrund leise die Dusche hört, unter der Sie immerhin unbekleidet sind, wird Sie bestimmt das Gefühl haben, Ihnen schon viel näher gekommen zu sein. Fördern Sie das ruhig, indem Sie zwischendurch mit nassen Haaren hereinschauen, sich nach Ihrem Wohlbefinden erkundigen und versprechen, gleich bei ihr zu sein.

Es soll durchaus schon vorgekommen sein, daß plötzlich der Duschvorhang zur Seite geschoben wurde und die Dame zu ihrem Gastgeber unter die Brause trat. Legen Sie es aber nicht unbedingt darauf an. Wer zu lange unter der Dusche steht, wird leicht krebsrot, und wenn Sie wie eine Tomate leuchten, dürfte dies ihre Erfolgschancen bei der Lady auch nicht gerade erhöhen.

Es gibt noch andere störende Faktoren, deren Auftre-

66

ten sogar noch wahrscheinlicher ist als temporäre Körperschäden durch abwartendes Duschen.

Haustiere gehören nur bedingt dazu.

Haustiere

Fische im Aquarium verschließen zwar nie die Augen, also reden wenigstens nicht über das, was sich in Ihrer Wohnung abspielt. Die Rechte eines Hundes an der gemeinsamen Wohnung sollten Sie in dieser Hinsicht schon eher in Erwägung ziehen. Ideal ist es, wenn Sie ihn so erzogen haben, daß er von Frauen sofort ins Herz geschlossen wird. Weniger ideal wäre es, wenn Ihr Hund jeden Fremden als Eindringling betrachtet, der seinem Herrchen übelwill, und Ihren Damenbesuch nicht aus dem Sessel aufstehen läßt.

Hauspersonal

Hinsichtlich Haushälterinnen oder Butlern möchte ich zwar ungern von Erziehung sprechen, aber das Verhältnis zwischen Ihnen und Ihren dienstbaren Geistern kann unter Umständen durchaus Schatten über einen Abend mit Damenbesuch werfen. Gerade Junggesellen haben gelegentlich Haushilfen, die zu Arroganz neigen, eifersüchtig auf die neue Freundin sind oder sich in ihrer häuslichen Autorität unterdrückt fühlen und daher einer Dame, die Sie besucht, nicht das Gefühl geben, eine solche zu sein. Sollte Ihr Damenbesuch täglich wechseln, wird es Ihrer Haushälterin sicher schwerfallen, respektvoll und freundlich mit Ihrem jeweiligen Gast umzugehen. Wollen Sie jedoch einen guten Eindruck hinterlassen, so sorgen Sie dafür, daß sich das Hauspersonal angemessen auf Ihre Besucherin einstellt.

Ungebetene Gäste und Anrufer

Richtig einstellen sollten auch Sie sich. Zum Beispiel auf ungebetene Gäste. Wenn Sie sich gerade ganz auf Ihren Besuch konzentrieren möchten, stört es sehr, wenn

Dritte auf den Plan treten, und das ist weder für Sie angenehm noch für den, der da, ohne Böses zu ahnen, in Ihre Zweisamkeit hineinplatzt. Lassen Sie es erst gar nicht soweit kommen, stellen Sie einfach die Türklingel ab.

Ähnliches gilt fürs Telefon. Lassen Sie sich nicht von Anrufen aus dem Konzept bringen, und bringen Sie vor allem Ihren Damenbesuch nicht in die Verlegenheit, etwa einem Gespräch mit einer anderen Frau lauschen zu müssen. Stellen Sie die Klingel leise, damit Ihr Besuch auch nicht auf den Gedanken kommt, Sie hätten etwas zu verbergen, wenn der Apparat vernehmlich Laut gibt und Sie nicht rangehen. Stellen Sie das Anrufaufzeichnungsgerät an (ohne eventuelle Gespräche laut mitzuhören), so verpassen Sie nichts, was Sie sich nicht entgehen lassen wollen.

Der abendliche Abschied

Stichwort: »gehen lassen«. Es ist immerhin möglich, daß sich der Eindruck, den Sie bislang von der Dame hatten, im Laufe des Abends als falsch erweist. Sie ist vielleicht langweiliger, als Sie dachten, nerviger, als Sie es sich hätten vorstellen können, oder aufdringlicher als erwünscht. Legt Sie pötzlich seltsame Anwandlungen an den Tag, beginnt sie abzuwaschen, aufzuräumen oder fragt nach dem Staubsauger? Oder will sie überhaupt nicht wieder gehen, weil sie sich *zu* wohl bei Ihnen fühlt, während Sie es gar nicht darauf angelegt hatten, die Nacht mit ihr zu verbringen? In vielen Männern meldet sich zu einem bestimmten Zeitpunkt wieder der einsame Wolf zu Wort und fordert sein Recht.

Nun tischen Sie der Dame nicht gleich die volle Wahrheit auf, nur um Ihrem Streben nach Wahrhaftigkeit und Ehrlichkeit gerecht zu werden. In den meisten Fällen ist es ja doch so, daß Sie sie wiedersehen wollen (oder werden). Greifen Sie also lieber zu jener immer stichhaltigen Notlüge, die Sie bereits aus dem Kapitel über die »Erste Verabredung« kennen. Und es muß ja nicht einmal eine handfeste Lüge sein, wenn Sie freundlich zum Abschied läuten, weil am nächsten Tag viel Arbeit und wichtige Termine warten und Sie deshalb früh aufstehen müssen. Daß Sie sich nach einem wunderbaren Abend mit ein paar Stunden Schlaf für die Anforderungen des kommenden Arbeitstages fitmachen möchten, wird jede Frau nachvollziehen können, ohne enttäuscht zu sein.

Wehe aber dem ungehobelten Klotz, dem nichts Besseres einfällt, als nach Mitternacht immer ausgiebiger zu gähnen. Er wird zweifellos unsanft unter die Räder der Retourkutsche geraten, wenn er die uncharmant hinauskomplimentierte Dame irgendwann wieder fragen sollte, ob sie nicht Lust auf eine Verabredung mit ihm hätte. Die einzige Antwort wird ein demonstratives Gähnen sein.

Und immer
wieder »Arbeit«

Kapitel 6

Ewige Versuchung – das Schlafzimmer

Nicht zu leugnen: Es knistert. Bei der flüchtigsten Berührung springen Funken über, Schwingungen sind körperlich spürbar, und die immer deutlichere Ahnung, wo dieser Abend enden wird, läßt Sie beide vor lauter Vorfreude erschaudern. Es liegt einfach in der Luft, daß Sie und die Dame an Ihrer Seite diese Nacht im Bett verbringen werden. Zusammen.

Es spielt keine Rolle, ob sich dieser gemeinsame Wunsch nun ganz plötzlich oder allmählich entwickelt, ob die Signale Ihrer neuen Partnerin eindeutig sind und ob *Sie* den letzten Anstoß geben oder die Dame. Wichtig ist, daß Sie in dem Moment, in dem Sie mit ihr über die Schwelle ins Schlafzimmer schweben, in ein Reich der Sinne eintreten und sich dennoch nicht ausschließlich von Ihren Gefühlen leiten lassen dürfen. Sie sollten sich vorher relativ nüchtern über gewisse Spielregeln Gedanken machen, denn sonst hat Morgenstund' nicht Gold im Mund, sondern einen bitteren Nachgeschmack. Den kennen Sie schon von den Nächten mit Bärbel und Monika und Carmen und Erika und Inge und Susann, ohne daß Sie sich genau erklären könnten, was Sie falsch gemacht hätten. Dann spitzen Sie die Ohren, damit die Nacht mit Jeannine ein Höhenflug ohne Absturz wird.

Zum Stolperstein Nummer eins kann schon der Anblick Ihres Schlafzimmers werden, in dem Sie persönlich sich pudelwohl fühlen mögen. Sie wissen inzwischen, wie neugierig Frauen auf die Wohnung eines Mannes sind, und eine ihrer obersten Prioritäten dabei ist ein Blick ins Schlafzimmer. Hier geht es um die Wurst, meine Herren: Aus »Zeige mir, wie du wohnst, und ich sage dir, wer du bist« leitet sie »Zeige mir, wie du dich bettest, und ich sage dir, wie du liebst« ab. Frauen fällt im allgemeinen sofort auf, ob das Boudoir vorzugsweise dem Schlaf oder dem Beischlaf dient. Die Einrichtung muß nicht allein Ihre Phantasie positiv anregen, sondern vor allem die Ihrer neuen Freundin. Aber so manches in den Männerschlafzimmern dieser Welt macht sie eher zu Kinderzimmern oder Räuberhöhlen und kann eine Frau so abregen, daß sie kommentarlos die Flucht ergreift. Und dem Mann steht dann ein ebenso erschütterndes wie verzweifeltes »Wieso denn?« ins Gesicht geschrieben.

Zusammengesuchte und womöglich noch geblümte Bettwäsche ist so ein definitiver Fauxpas. Erinnerungen aus vergangenen Tagen, Fotos Ihrer früheren Freundinnen und dergleichen, sind schon kein Fauxpas mehr – damit stoßen Sie die »Neue« regelrecht vor den Kopf. Die absolute Verdammnis aber droht Ihnen, wenn Sie eine Arche Noah von Stofftierchen in, an oder auf Ihrem Bett drapiert haben. Es soll immer noch phantasielose Frauen geben, die ihrem Freund oder Geliebten solche Dinge schenken, und er hat dann nichts Besseres zu tun, als sie wie Jagdtrophäen ums Kopfkissen zu versammeln. Echte Trophäen, wie etwa Sportpokale, sollten Sie aber auch aus dem Schlafzimmer verschwinden lassen. Wer es nötig hat, damit zu protzen . . . Viele

Bloß nicht geblümt

71

Frauen fühlen sich selbst in die Phalanx der errungenen Preise eingereiht, als wären sie auch nur ein weiterer Sieg im ewig-männlichen Wettkampf um Selbstbestätigung. Ähnlichen Argwohn erregen Spiegel, die zu ganz offensichtlichen Zwecken an der Schlafzimmerdecke angebracht sind. Natürlich sind sie erotisch, aber sie sollten schon so angebracht sein, daß auf den ersten Blick ihr herkömmlicher Verwendungszweck im Vordergrund steht.

Natürlich kann und will ich Ihnen keine Vorschriften machen, wie Sie Ihr Schlafzimmer einrichten sollen. Es spielt letztendlich auch keine Rolle, ob Sie ein Bett mit Eisengestell haben, ein Wasserbett oder eine Matratze auf dem Boden – wichtig ist vor allem, daß Ihr Schlafzimmer sowohl Lebensstil ausdrückt, als auch die Phantasie anregt. Als durchaus brauchbar erweisen sich Sportgeräte, allerdings nicht in Mengen, aber auch breite Fensterbänke, Ledersessel und Sofas.

Ich sehe eine ganze Legion von Fragezeichen auf mich zumarschieren. Das Vorhandensein von Gerätschaften, die der körperlichen Fitneß dienen, können Sie noch nachvollziehen. Was um Gottes willen sollen aber Dinge wie breite Fensterbänke, Ledersessel und Sofas im Schlafzimmer bewirken?

Nicht im Bett allein Sehen Sie, das ist das Problem – Männer richten ihre Phantasie oft nur auf das eine, nämlich auf den Liebesakt an sich. Was das Drumherum betrifft, haben sie manchmal wahrhaftig ein Brett vor dem Kopf. Beschränken Sie sich doch nicht immer nur aufs Bett, meine Herren. Verführen Sie Ihre Freundin im ganzen Zimmer, in der ganzen Wohnung oder – wenn vorhanden – im ganzen Haus! An eine Episode, die sich einmal mehr nur im Bett abspielt, wird sich eine Frau nicht lange erinnern, jedenfalls nicht so lange wie an eine stürmische Eroberung vor dem Kamin, zwischen den Büchern im Arbeitszimmer oder eben auf der breiten Fensterbank des Schlafzimmers.

Phantasie bedeutet nicht nur Einbildungskraft, sondern auch Einfallsreichtum, und Einfallsreichtum sollte sich wie ein roter Faden durch Ihre Liebesnacht ziehen. Ohne zu wissen, wie man ein erotisches Zusammensein zelebriert, kommen viele Männer allerdings nie über die elementare Stufe hinaus. Das beginnt schon mit dem Entkleiden. Da ziehen sich Männer aus, als wollten sie nach einem harten Arbeitstag nichts anderes als sich nur noch ins Bett plumpsen zu lassen. Oder aber: Hosen werden in Bügelfalten über den stummen Diener gelegt, Hemden sorgfältig über Stuhllehnen gehängt, und die Socken bleiben womöglich an den Füßen. Geben Sie es zu: Da kommt selbst bei Ihnen kein erotischer Funke auf. Und was für Gedanken soll sich erst die Frau machen, die Sie bei dieser Auszieherei beobachtet?

Lassen Sie den Alltag gänzlich aus dem Spiel, meine Herren, denn dies ist keine gewöhnliche Nacht. Der wahre Liebhaber verführt seine Eroberung langsam, entblättert sie und sich auf sinnliche Weise, läßt Kleidungsstücke ungeachtet möglicher Knitterfalten lässig herabgleiten. Er bietet ihr bei angenehm gedämpfter Beleuchtung und vielleicht auch bei leiser Musik (die übrigens nicht aus einem Radiowecker kommen sollte) den erotisierenden Auftakt zu einer Inszenierung, die ihresgleichen sucht.

Es sollte Ihnen allmählich dämmern, welchen Weg Sie nun *nicht* einschlagen. Wer jetzt das Licht ausmacht, während eines einzigen kurzen Liebesaktes kaum einen Ton von sich gibt, sich danach aus der Kleenex-Packung bedient und unter die Dusche hüpft, gerät als Liebhaber rasend schnell und zu vollem Recht in dunkelste Vergessenheit. Denn für eine Frau beginnt die eigentliche Erotik erst nach dem ersten Höhepunkt. Während die erotische Stimmung des sogenannten starken Geschlechts, das nun zum Ausruhen neigt, auf absolute Talfahrt geht, ist die Frau enttäuscht bei dem Gedanken, daß das schon alles gewesen sein soll. Männer wollen doch immer beweisen, wie überdurchschnittlich und erfolgreich sie sind, also frage ich Sie: Was für ein Mann ist das, der einer Frau nicht beweisen wollte, daß er ein Liebhaber mit mehr als gewöhnlichen Eigenschaften ist!

»Danach«   Das »Danach« ist für viele Frauen bei der Beurteilung eines Mannes als Liebhaber von entscheidender Bedeutung. Ein Burgtor einrennen kann jeder Strauchritter, aber wenn er sich hinterher nicht bemüht, die Bewohner der Burg für sich einzunehmen, wird er nie Herr über die Festung. Lassen Sie die gemeinsam genossene(n) Sternstunde(n) ruhig und liebevoll ausklingen und bringen sie keinen Mißklang in das Echo der Leidenschaft, das noch im Raum schwebt. Wenn Sie nach dem Liebsakt sofort aus dem Bett springen, um diese oder jene wichtigen Dinge zu erledigen, oder weil Ihnen plötzlich noch ein Termin einfällt, wird sich die Frau, die Sie im Bett zurücklassen, fragen, warum Sie es dann nicht einfach mit dem Kissen treiben, auf dem Sie ihr eben noch ekstatisch ins Ohr gebissen haben. Eine typische männliche Unart ist auch die sehr beliebte Frage nach der Qualität seines Könnens (die leider

74

ebensogern gestellte »Was denkst du gerade?« ist übrigens nur eine hinterlistige Variante der Frage »Na, war ich gut?«). Stellen Sie diese Fragen *nicht*. Sie verurteilen die Romantik damit zur Bruchlandung. Und machen Sie sich nur keine Gedanken – wie gut Sie waren, werden Sie schon früh genug erfahren.

Vielen Männern scheint es schwerzufallen, ihre gewohnte Hektik in Momenten wie diesen einmal abzulegen. Als guter Lover indes haben Sie bereits vor und während des Liebesaktes alle Eile vergessen und halten sich auch anschließend noch daran. Verwöhnen Sie die Frau an Ihrer Seite, öffnen Sie eine Flasche Wein oder Champagner und lassen Sie etwas passende Musik spielen.

Ich gebe gern zu, daß genügend Zeit eine der Voraussetzungen für eine perfekte Liebesnacht mit adäquatem Vorher und Danach bildet, aber ich gehe davon aus, daß Sie bereit sind, einer neuen Eroberung diese Zeit auch zu widmen. Nur wenn Sie ein schnelles Abenteuer gesucht und gefunden haben und wollen, daß sie auch wirklich schnell wieder geht, dürfen Sie alles tun, wovon ich ansonsten abrate: das Schlafzimmer nicht aufräumen, geblümte Bettwäsche verwenden, Hektik an den Tag legen, dumme Fragen stellen, einen unaufschiebbaren Termin oder sonst eine gute Ausrede für Eile erfinden.

Ob die Dame neben Ihnen auch bei Ihnen übernachtet oder ob Sie in ihrem Haus nächtigen, wird sich ergeben. In beiden Fällen sollten Sie mit gewisser Raffinesse dafür sorgen, daß Ihre neue Eroberung den Weg in Ihr Bett auch in Zukunft nicht scheut.

Einschlägig gebrannten Kindern unter Ihnen ist die »Mein-Gott-wie-konnte-ich-nur«-Erfahrung, die einem selbst den herrlichsten Morgensonnenschein verderben kann, leidvoll vertraut: Sie erwachen neben einer Frau und wissen in ebendiesem Moment, daß es vorschnell, unüberlegt und überhaupt daneben war, die Nacht mit ihr zu verbringen. Ein unsagbar bitterer Liebeskater macht sich breit. Da hilft nur die bewährte Flucht in »dringende« Arbeiten, die schon im Büro warten, oder – am Wochenende – der gute alte Golfpartner, mit dem man seit jeher bereits im Morgengrauen die Eisen schwingt.

In den meisten Fällen aber werden Sie sich der Richtigkeit Ihrer Entscheidung vom Vorabend sicher sein, sich auf das gemeinsame Aufwachen freuen und möchten den guten Eindruck, den Sie in der Nacht hinterlassen haben, auch am Morgen danach pflegen.

Wenn die Dame nicht schon wach ist und sie versonnen betrachtet, dürfen Sie sie jetzt zärtlich wecken. Umschwärmen Sie sie aber nicht wie eine Drohne; es sind die *kleinen* Aufmerksamkeiten, die bei einer Frau Wunder wirken. Bringen Sie ihr nicht nur einen Bademantel, sondern lassen Sie sich auch andere nette Kleinigkeiten einfallen, auf die nicht jeder Mann ohne weiteres kommt. Legen Sie ihr zum Beispiel im Bad eine neue Zahnbürste bereit, auf die Sie schon die Zahncreme aufgetragen haben.

Sich einfach davonzuschleichen, ohne sie zu wecken, würde von wenig Feingefühl zeugen. Das dürfen Sie nur, wenn Sie Ihre Langschläferin mit frischen Brötchen und einer Blume aus Nachbars Garten überraschen wollen. Wenn Sie rechtzeitig wissen, daß Sie wirklich früh aus dem Haus müssen, haben Sie es Ihrer Bettgefährtin wahrscheinlich bereits am Abend mitgeteilt. Lassen Sie sie weiterschlafen, und legen Sie ihr einen lieb geschriebenen kleinen Brief auf den Frühstückstisch. Das tun Sie natürlich erst recht, wenn Ihnen erst am frühen Morgen einfällt, daß Sie das Haus eilig verlassen müssen und Ihre neue Freundin ohne Sie aufwachen wird.

Etwas aber sparen Sie sich bitte, wenn Sie Ihren reizenden Gast allein lassen: Schlägt sie die Augen auf und findet neben sich statt ihres Liebhabers einen Zettel mit Anweisungen, wie sie sich zu verhalten habe, verderben Sie ihr damit alle Träumereien eines schönen Morgens. Es wäre geradezu kindisch, ihr zu hinterlassen, daß sie weder ans Telefon gehen noch Fremden die Tür öffnen solle. Eine Frau weiß so etwas von allein.

Keine Anweisungen

Sie müssen sich einfach in die umgekehrte Situation versetzen und sich überlegen, was Sie selbst gerne hätten, wenn Sie am Morgen danach im Bett Ihrer neuen Freundin erwachen. Daß Sie sich *als Gast* in ihrem Haushalt befinden und sich entsprechend benehmen, bedarf keiner Erwähnung. Ob Sie jedoch überhaupt bleiben und den neuen Tag neben und mit ihr begrüßen dürfen, entscheidet allein die Gastgeberin. Wenn sie Ihnen dies nicht ausdrücklich angeboten hat, dann gehen Sie irgendwann. Ist sie mittlerweile eingeschlafen, verschwinden Sie mucksmäuschenstill, hinterlassen ihr aber ein paar Zeilen. Allen professionellen Morgenmuffeln empfehle ich, gleich nach dem Ausklang ihres erotischen Beisammenseins zu gehen, und wenn die Nacht draußen noch so einsam, kalt und stürmisch ist. Oder würden *Sie* gern mit einer mundfaulen Trantüte aufwachen, die erst nach dem Frühstück wieder menschlicher Regungen fähig ist?

Wenn Sie aber bei ihr geblieben sind, befleißigen Sie sich bitte einer gewissen Zurückhaltung. Kommen Sie bloß nicht auf die Idee, Ihrer Eroberung vor dem Einschlafen den Rücken zuzukehren und ihr über die Schulter zuzuraunzen, was Sie gern zum Frühstück hätten. Fallen Sie nach dem Aufwachen nicht gleich über sie her, denn Liebe am Morgen ist vielleicht nicht jederfraus Sache. Nur wenn Sie *beide* der Versuchung nicht widerstehen können, gehen Sie auf die Avancen Ihrer Bettgefährtin ein, lassen sich von ihr verwöhnen und genießen Ihr Auswärtsspiel.

Zurückhaltung gilt auch sonst bei der Benutzung der Wohnung Ihrer Gastgeberin. Sie dürfen sich nicht benehmen, als wären Sie zu Hause; aber verhalten Sie sich auch nicht gar zu schüchtern, und fragen Sie beispielsweise nicht kleinmütig, wo Sie Ihre Schuhe hinstellen dürfen.

Sollte die Dame am anderen Morgen früh aufstehen und das Haus verlassen müssen, gehen Sie selbstverständlich mit ihr. Allein haben Sie in ihren vier Wänden nichts zu suchen, und eine einzige gemeinsame Nacht gibt Ihnen noch nicht das Recht, sich wie ein Teil ihres Inventars zu benehmen. Es sei denn, Sie finden selbst einen lieben kleinen Brief auf dem verwaisten Kopfkissen neben sich, der Sie zum Verweilen einlädt.

Kapitel 7

Zu zweit in der Öffentlichkeit

Nach den eher privaten Treffen geht es nun um Ihren Auftritt zu zweit in der Öffentlichkeit. »Öffentlichkeit« soll hier aber nicht beliebige Orte bezeichnen, an denen fremde Menschen zusammentreffen und sich nur zufällig begegnen. Plätze wie Restaurants, Bars, Kinos, Oper und Theater bleiben deshalb außen vor; unter Beachtung der allgemeingültigen Umgangsformen können Sie sich dort von Fall zu Fall und im Prinzip benehmen, wie Sie denken, sich benehmen zu können, zu dürfen oder zu müssen.

Hier geht es um kleinere und größere Gesellschaften wie Feste, Bälle, Veranstaltungen oder Vernissagen, bei denen festumrissene Personenkreise zu einem bestimmten Anlaß an einem Ort zusammentreffen. Unter dem Aspekt, daß Sie zu zweit erscheinen, möchte ich Ihre Aufmerksamkeit darauf lenken, wie Sie den Anwesenden gegenübertreten und auf welche Weise Sie sich Ihrer Begleiterin widmen.

Begrüßen, bekanntmachen, vorstellen – das ist für viele Männer ein und dasselbe. Sie machen da keine großen Unterschiede, verwechseln die Reihenfolge, übersehen gesellschaftliche Stellungen und schütteln jede Hand, die in ihre Reichweite gerät. Sofern Sie in diesen Dingen nicht sattelfest sind, haben Sie Einschlägiges schon selbst erlebt: Sie und die Dame an Ihrer Seite stehen einem Paar gegenüber, das Ihre Begleitung noch nicht kennt. Sie selbst kennen zwar den Herrn, sind der Frau neben ihm aber noch nicht begegnet. Oft folgt nun ein flüchtiges Durcheinander von gleichzeitig genannten Namen, ins Leere gestreckten Händen und gemurmelten Begrüßungsfloskeln, was manchmal noch den höchst peinlichen Effekt hat, daß Namen nicht richtig verstanden werden und man im Laufe des Abends nachfragen muß.

Nicht zu Unrecht wird die Frage »Wie begrüßt man wen?« im allgemeinen sehr ernst genommen und umfaßt in einigen Büchern über Umgangsformen mehrere Seiten. Ich möchte dieses Thema auf das Wesentliche reduzieren, ohne es deshalb weniger ernst zu nehmen. Wer aber dazu neigt, über die relativ strengen Kriterien des Vorstellens und Bekanntmachens zu lächeln, kann sich den Versuch gleich sparen, sie sich anzueignen, denn ihm wird auch dann, wenn es wirklich darauf ankommt, das nötige Engagement fehlen.

Sie werden zu einem gesellschaftlichen Anlaß eingeladen und sind in Begleitung Ihrer Ehefrau, Freundin oder Neuentdeckung. Sie besuchen die Veranstaltung zusammen, und das bedeutet selbstverständlich, daß Sie gemeinsam kommen und gemeinsam gehen. Getrenntes Erscheinen oder Gehen wäre Ihrer Begleitung gegenüber unhöflich und bedürfte eines wirklich gewichtigen Grundes, der übrigens auch Gastgebern und Gästen plausibel sein sollte.

Kennt Ihre Begleiterin die Anwesenden nicht, ist es Ihre Aufgabe, sie ihnen vorzustellen oder sie mit ihnen bekanntzumachen. Nun spielen gesellschaftliche Rangfolgen die Musik. Trat in seligen feudalen Zeiten ein Der Rang Graf vor den Thron eines Königs, wäre dieser nie auf entscheidet den Gedanken gekommen, sich zu erheben und dem Rangniederen als Landesherr vorzustellen. Daran hat sich bis heute nichts geändert. Wer nach den gesellschaftlichen Regeln einen niedrigeren Rang innehat, wird dem Höherstehenden vorgestellt: der Jüngere dem Älteren, das Mädchen der Dame, der Untergebene dem Vorgesetzten, die Ledige der Verheirateten, der Herr der Dame. Daß eine Dame in der Gesellschaft einen höheren Rang einnimmt als Sie, meine Herren, daran gibt es nichts zu rütteln, es sei denn, Sie gehören zu den Staatsoberhäuptern dieser Welt und wiegen sich in der protokollarischen Sicherheit, daß Sie gar nichts falsch machen können, weil Sie in diesem Spiel ohnehin alle ausstechen.

Die weniger zeremonielle Art des Vorstellens ist das Bekanntmachen; hier ist man quasi unter sich. Miteinander bekannt gemacht werden Gleichrangige und Gleichaltrige, wobei es nicht darauf ankommt, wessen Name zuerst genannt wird. Dennoch ist auch bei diesem Prozedere darauf zu achten, daß der Herr stets der Dame bekannt gemacht wird und nicht umgekehrt.

Beim Vorstellen wie auch beim Bekanntmachen geben Sie als höfliche Erwiderung nicht das Wort »angenehm« zurück. Angenehm ist ein heißes Bad. Formen des Begrüßens

Die Begrüßung ist eine persönliche Geste, die das Vorstellen oder Bekanntmachen einrahmt, indem sie ihm vorangeht oder als Reaktion darauf erfolgt. Grundsätzlich begrüßt der Rangniedrigere den Ranghöheren. Die Hände des Begrüßenden haben dabei in seinen Hosentaschen ebensowenig zu suchen wie Falschgeld in Ihrer

81

Börse. Zum Händeschütteln reichen Sie einem Höhergestellten die Rechte aber nur, wenn er Ihnen seine Hand entgegenstreckt. Wenn Sie es gern einmal andersherum sehen möchten: Sind Sie der Ranghöchste in einer Gesellschaft, brauchen Sie schlaffe, verschwitzte, klebrige oder schraubstockartige Hände auch nicht zu ergreifen, wenn Sie nicht wollen.

Werden Sie vom Gastgeber oder der Gastgeberin einer größeren Runde vorgestellt, so müssen Sie nicht unbedingt jedem der Anwesenden die Hand schütteln; eine leichte Verbeugung oder ein freundliches Kopfnicken genügt. Keiner wird Sie für arrogant halten.

Herren erheben sich generell von ihrem Platz, wenn sie einen anderen Gast begrüßen oder begrüßt werden.

Wenn Sie von Hauspersonal in den Empfangsraum geführt werden, in dem die Gäste von einem Gastgeberpaar empfangen werden, dann begrüßen Sie stets die Dame des Hauses zuerst.

Natürlich finden Begrüßungen nicht nur in geschlossenen Räumen statt. Alle Regeln gelten auch für Begegnungen auf der Straße. Darüber hinaus merken Sie sich bitte folgendes: Auf der Straße grüßt der Herr grundsätzlich die Dame. Sollte ein ausländischer Gast anwesend sein, mag ihn dies erstaunen, weil es in anderen Ländern oft üblich ist, daß die Dame durch leichtes Kopfnicken andeutet, ob sie begrüßt zu werden wünscht. Begegnen Sie mit Ihrer Begleiterin einer Gruppe von Menschen, die stehenbleibt, um Sie zu begrüßen, so stellen Sie Ihre Begleitung natürlich vor.

Doch lassen Sie uns zu Ihrer Party zurückkehren. Ihre Begleiterin und Sie sind inzwischen »herumgereicht«

worden und haben kennengelernt, wen es kennenzulernen galt. Endlich können Sie sich dem Anlaß der Gesellschaft widmen und natürlich der Dame an Ihrer Seite. Viele Männer, besonders Männer mit langjährigen Partnerschaften, geben ihre Begleitung nun an der nächsten Cocktailbar ab, verschwinden spurlos in der Gästeschar und tauchen erst wieder auf, wenn es Zeit ist, ihrer Begleiterin den Autoschlüssel in die Hand zu drücken, weil sie sie nach Hause fahren darf.

Ich gebe zu, daß es einige Frauen genießen, wenn ihnen ihr Begleiter nicht ständig am Rockzipfel hängt und sie sich auf diese Weise unbeschwert alten (und, vor allem, neuen) Bekanntschaften widmen können. Sinn dieses Abschnittes ist es aber nicht, versteckte oder offenkundige Partnerschaftsprobleme auseinanderzupflücken – zumal ich voraussetze, daß Sie gern mit Ihrer Partnerin zuammen sind.

Wenn Sie sich auf einer Veranstaltung befinden, deren Gäste der Dame an Ihrer Seite gänzlich oder zum größten Teil unbekannt sind, dann dürfen Sie ihr nicht das Gefühl geben, daß sie allein zwischen lauter Fremden ist. Manche Frauen können damit zwar so gut umgehen, daß ihr umherstreunender Begleiter irgendwann wird feststellen müssen, daß er nur noch die zweite oder dritte Geige spielt. Es zeugt aber nicht nur von unhöflicher Mißachtung, wenn Sie Ihre Begleiterin ständig alleinlassen, sondern kann auch den Eindruck erwecken, als setzten Sie ihre Person herab, indem sie der Gesellschaft anderer Menschen den Vorzug geben.

Das bedeutet nicht, daß Sie den gesamten Abend ständig an ihrer Seite kleben müssen, denn Ihre Partnerin ist eine erwachsene Frau, die genau wie Sie ihren

Distanz und Nähe

83

Freiraum genießt. Durch Blicke und Gesten geben Sie ihr jedoch das Gefühl, im Geiste bei ihr zu sein. Frauen achten sehr auf nonverbale Aufmerksamkeiten dieser Art.

Solange Sie sich mit Ihrer Begleiterin unterhalten, gehört Ihr Augenmerk ausschließlich ihr. Es wäre mißachtend und herabsetzend, wenn Sie Ihre Blicke dabei ständig umherschweifen ließen, als langweilten Sie sich und suchten nach einem interessanteren Gesprächspartner. Absolut unhöflich ist es, bei der Unterhaltung mit Ihrer Partnerin den Blick starr auf einen anderen Gast zu richten, selbst wenn Ihnen diese Person noch so interessant erscheint.

Eine Versuchung Das wäre allerdings ein Fall, der Ihnen durchaus und aus heiterem Himmel passieren kann: Sie werden von einer wahren Schönheit auf eine Weise fixiert, die offenkundiges oder verstecktes Interesse an Ihnen signalisiert. Umgekehrt ist es schon häufiger: Obwohl Sie in Begleitung einer Dame sind, entdecken Sie plötzlich eine attraktive Frau, die Sie unbedingt näher kennenlernen möchten. Das kommt nun schon seit Jahrtausenden immer wieder vor, aber seit es geschieht, haben Männer es nie geschafft, dies die Dame an ihrer Seite nicht merken zu lassen. Der weibliche Instinkt registriert solche Dinge gnadenlos.

Lassen Sie also nicht komplett die Fassade fallen, sondern fassen Sie sich und gehen Sie klug und bedächtig vor. Am geschicktesten ist es immer noch, einen anderen Gast oder den Gastgeber in einem unbeobachteten Moment zu bitten, Sie der Dame vorzustellen. Das sollte es aber auch schon sein, denn vergessen Sie nicht, daß Sie nun einmal in weiblicher Begleitung gekommen sind und daß weder Sie noch die andere Dame sich so verhalten können, wie Sie vielleicht gern möchten. Sie wappnen sich also mit Geduld, wissen aber immerhin schon, um wen es sich handelt. Damit haben Sie einen Anknüpfungspunkt für eine Verabredung, und Abende, an denen Sie Ihre neuentdeckte geheimnisvolle Schöne näher kennenlernen können, gibt es noch genug.

Kapitel 8

Jahrmarkt der Eitelkeiten

Saint-Exupérys Kleiner Prinz begegnete auf seiner hei-
ter-melancholischen Reise durch sein kleines Univer-
sum eines Tages dem Eitlen, der ihn bat, ihn beifällig zu
beklatschen, was ihm überaus schmeichele, und ihn als
den schönsten, bestangezogenen, reichsten und intelli-
gentesten Menschen zu bewundern, der auf seinem
Planeten lebte. Ungeachtet der Tatsache, daß sonst
niemand auf dem winzigen Planeten wohnte, tat ihm
der kleine Prinz den Gefallen. Die Antwort auf seine
Frage, warum der Eitle dies so wichtig nehme, blieb ihm
dieser jedoch schuldig, und der kleine Prinz fand, daß
erwachsene Leute entschieden sehr wunderlich seien.

Aus Erwachsenensicht kann voll ausgebildete Eitelkeit durchaus tragische Züge annehmen. Ich denke
da an den Typus des glatthäutigen, zurechtgemachten
Beaus, der in mittlerem oder fortgeschrittenem Lebens-
alter manisch darauf aus ist, seine Jahre und körperlichen Unzulänglichkeiten geheimzuhalten, verzweifelt
und sinnlos dagegen ankämpft und sich benimmt wie
eine ausrangierte Diva. Diese übertrieben eitlen Männer
ringen dem Betrachter höchstens ein mitleidiges Lächeln
ab, keinesfalls aber Bewunderung. Bei Honoré de Bal-
zacs Bemerkung über die Eitelkeit, die Frauen kleide,
Männer aber zu Pfauen mache, drängt sich unwillkürlich das Bild des herumstolzierenden Hahnes auf, des-

sen winziges Vogelhirn mit dem ständigen Spreizen der Schwanzfedern bereits vollkommen ausgelastet ist.

Nun wird es Männern aller Altersgruppen heute keineswegs mehr leichtgemacht, in Würde zu reifen und älter zu werden. Ihnen stehen jetzt jede Menge Mittel und Wege zur Verfügung, um die beim morgendlichen Blick in den Spiegel entdeckte neue Falte zu bekämpfen. Der Weg zu ewiger Jugend und immerwährender Schönheit, seitens der Kosmetikindustrie bis vor kurzem allein den Damen vorbehalten, scheint ihnen offen. Die Regale und Schränkchen in den Badezimmern der Herren quillen über. Auf maskuline Bedürfnisse zugeschnittene Skin Repair Lotions, Overnight Moistures und Beauty Foams leisten dem After Shave, früher einziges Eintrittsgeld des Mannes zum Jahrmarkt der Eitelkeiten, inzwischen reichlich Gesellschaft.

Es spricht natürlich überhaupt nichts dagegen, meine Pflege Herren, wenn Sie aus diesem vollen Angebot schöpfen, denn angemessene Körperpflege ist nicht nur der Gesundheit zuträglich, sondern das mindeste, was man von einem zivilisierten Menschen verlangen kann. Eine Frau weiß einen gepflegten Mann zu schätzen; es sei denn, die einzige Aura, mit der er sich umgibt, ist die Wolke aus Exciting Amber und Magic Musk, die in ihrer Penetranz nur einen klaren Gedanken zuläßt: das Verlangen, Türen und Fenster aufzureißen, um frische Luft zu atmen. Dieser Mann strahlt aus, daß er es nötig hat, von Schwachpunkten abzulenken oder Unzulänglichkeiten zu kaschieren.

Aber es sind ja nicht nur die Verlockungen der kosmetischen Industrie, die einem Mann auf bewährt unterschwellige Weise schmackhaft gemacht werden. Die ausgeklügelten Werbestrategien umfassen sein gesamtes Erscheinungsbild und tragen das Ihre dazu bei, daß so viele Männer so eitel geworden sind. Sie laufen herum wie die letzten Gecken und finden es toll, sich genau so zu kleiden, wie es die aktuellen Herren- und Modemagazine propagieren. Dabei merken sie oft gar nicht, daß sie Schaden an der eigenen Persönlichkeit nehmen, weil sie sich an ein Idealbild klammern, das in Wirklichkeit auf der Suche nach einem neuen kräftigen Absatzmarkt geboren wurde.

Schönheit – maskulin

Maskuline Schönheit ist relativ wie Schönheit im allgemeinen und an die Zeit gebunden, in der sie jeweils definiert wird. Dabei haben sich die Maßstäbe in der Vergangenheit teilweise von einem Extrem ins andere verlagert. Im japanischen Mittelalter gehörte eine Glatze zum Ideal, im 17. Jahrhundert trugen europäische Kavaliere Lockenperücken bis auf die Schultern, in den Zwanzigern hatte jeder Mann, der auf sich hielt, einen gewaltigen Schnauzbart, und in den 70er Jahren ließ der zeitgemäße Mann sein Haar mindestens bis über den Kragen und die Koteletten bis zu den Ohrläppchen wachsen.

Egal aber, welche Strömungen und Einflüsse die Schönheit des Mannes jeweils formten und neu definierten, eine Frau hatte (und hat!) stets ein Auge für sie. Seit Mitte des Jahrhunderts nun, mit dem Siegeszug der Massenmedien, wurde der »schöne Mann« ins rechte Licht gerückt, und vor allem Popmusiker, Sportler und Künstler begannen aus ihrem Aussehen Kapital zu schlagen. In der Vielfalt der Medien kann man Männergesichter und -körper miteinander vergleichen und konkurrieren lassen und dadurch nicht zuletzt besagte neue Absatzmärkte schaffen.

Nun ist es keineswegs verwerflich, wenn Sie sich modern und trendgemäß kleiden und ausstatten. Achten Sie jedoch darauf, Persönlichkeit zu wahren. Wenn Sie nämlich ständig an sich herabschauen, um irgendwo vielleicht noch etwas zu entdecken, was es zu korrigieren gilt, dann lassen Sie sich dabei eher von eitlem Nacheifern leiten, statt Ihrem persönlichen Stil und Ausdruck treu zu bleiben. Frauen finden dieses dauernde Selbstbeobachten und -korrigieren mehr als lächerlich. Ohnehin wünschen sie sich in den wenigsten Fällen einen perfekten Mann, an dem es keine Stellen gibt, die sie ausbessern könnten.

»Schöner Mann = dummer Mann« – was ist dran an diesem Vorurteil? Männern, die kritiklos jede vorgeäffte Mode übernehmen und sich selbstgefällig und beifallheischend zur Schau stellen, schreibt man schnell Oberflächlichkeit und eine gewisse geistige Leere zu. Spielt hier vielleicht auch Konkurrenzdenken unter Männern eine Rolle? Ist es schlicht und ergreifend Neid auf einen bessergebauten Körper, einen volleren Haarschopf und ein markanteres Antlitz, der sich in solchen Urteilen Bahn bricht?

So dumm wie schön?

Nun, dieserlei Diskussionen machen Sie am besten unter sich aus. Für Frauen ist ein schöner Mann in erster Linie ein Wesen, das es zu ergründen und zu erobern gilt, wenn sich sein Kopf als ebenso klug wie schön herausstellt, oder den es zu packen und zu vernaschen gilt, wenn er nur ein hübscher Strohkopf ist. Den Bogen von Schönheit zu Dummheit spannen Frauen sehr wohl auch über die Eitelkeit. Jeder Mensch ist auf seine Weise mehr oder weniger eitel. Für einen Mann, der sich dessen bewußt ist, kann es deshalb wichtig sein, einer Frau seinen persönlichen Grad von Eitelkeit nicht offensichtlich zu zeigen.

Synonym für Erfolg Gutes, gepflegtes Aussehen ist heute für Männer, besonders für solche in vielbeachteten öffentlichen Ämtern und Positionen, ein Synonym für Erfolg. Sie können nicht mehr darauf bauen, daß man über ihr ungewaschenes Haar hinwegsieht, nur weil ein brillanter Kopf daruntersteckt, sondern sollen einen herzeigbaren Körper und ein stimmiges Outfit haben. Andererseits sind engstirnige Kritiker und mißgünstige Pflastertreter schnell mit dem Vorwurf der Eitelkeit zur Hand, wenn sich ein Mann an diese Empfehlungen hält. Dem griechischen Jüngling Narziß, der sich in sein eigenes Spiegelbild verliebte und zum Urbild des krankhaft Eitlen wurde, ist sicherlich eine psychische Entgleisung nachzuweisen. Dali aber war ein Genie.

Wer es mit der Aufmerksamkeit, die er sich selbst schenkt, übertreibt, ist letztlich auch ein willkommenes Opfer allfälliger Schadenfreude. Die Beobachter des Gefallsüchtigen lauern geradezu darauf, daß seine Fassade einmal bröckelt. Da hatte der Eitle den kleinen Prinzen also gebeten, ihm Beifall zu klatschen. Ein paar Minuten klatschte der Prinz in die Hände, und der Eitle lüftete jedesmal geschmeichelt den Hut. Dann wurde dem kleinen Prinzen das Spielchen zu eintönig, und er fragte:»Und was muß man tun, damit der Hut herunterfällt?«

Kapitel 9

Kleiner Mann ganz groß

Kleine Männer haben große Power – und große Frauen.
Die Herren der Schöpfung, die sich auf Hochglanz-
fotos in Klatschmagazinen, Prominentenjournalen und
auf den bunten Seiten der Regenbogenpresse tummeln,
scheinen sich in stillschweigender Übereinkunft mit
Frauen zu umgeben, die von Ausgabe zu Ausgabe immer größer werden – vor allem aber größer als ihre
männlichen Begleiter. Nun fragen wir uns ja nicht nur
bei den kleingeratenen Männern im Licht der Öffentlichkeit, warum sie denn so anziehend auf Frauen wirken, die zu ihnen hinabsehen und sich gar herunterbeu-
gen müssen wie zu einem kleinen Jungen. Auch im
Alltag sind wir uns sicher, daß der kleine Herr am
anderen Ende des Restaurants irgend etwas Besonderes
an sich hat. Wie sonst könnte die um Haupteslänge
größere Dame an seiner Seite ein solches Maß an Zufriedenheit (um nicht zu sagen: Stolz) an den Tag legen?
Und er selbst wird auch nicht ohne Grund erhobenen
Hauptes und wie ein Hahn neben ihr sitzen, der sich
seiner Lieblingshenne sicher ist.

In keiner anderen Verbindung wird die Frau so eindeutig zum Statussymbol wie an der Seite eines kleinen
Mannes. Seht her, der Zwerg hat die Riesin erobert. Als
wenn Sie es nicht schon geahnt hätten: Die Psychologen
bezeichnen den Hang kleiner Männer zu großen Frauen

Die große Frau des
kleinen Mannes

91

als »Napoleon-Komplex« und charakterisieren damit Männer, die sich benachteiligt fühlen und nach Leistungen streben, um ihre unterdurchschnittliche Größe zu kompensieren. Wobei Leistung genausogut für Geld, Macht oder Sex stehen kann – oder eben für die Leistung, eine außergewöhnliche Frau erobert zu haben.

Daß diese Frau größer ist als der Mann, ist in dieser Konstellation zwingend vorgeschrieben, denn kleine Männer, die nach Anerkennung streben, müssen fürchten, dem Durchschnitt doch nicht entronnen zu seien, wenn die Dame an ihrer Seite sie nicht überragt. Sie könnten es schwer ertragen, Teil eines gewöhnlichen Pärchens zu sein.

Moderne, intelligente Frauen, die sich von kleineren Männern wie magisch angezogen fühlen und es genießen, sich mit ihnen sehen zu lassen, schätzen andere

Sein Geheimnis

Eigenschaften an ihnen, Eigenschaften, die sie deutlich von normalgroßen oder größeren Männern unterscheiden. Kleine Männer sind meist energisch und erfolgsorientiert, haben einen glänzenden Humor und können höchst charmant sein. Diese Eigenschaften bringen sie nicht nur in geschäftliche Unternehmungen ein, sondern sie beflügeln auch ihr Privatleben und damit natürlich die Beziehung zu einer Frau. Zählen Sie zu den genannten Vorzügen damit zusammenhängende Eigenschaften wie gute Umgangsformen und Weltoffenheit hinzu, können Sie sich ausrechnen, daß die Körpergröße als solche bei Frauen einen ziemlich geringen Stellenwert hat. Und daß die Dame nicht scheut, sich mit ihm sehen zu lassen, sondern ihn im Gegenteil stolz präsentiert, liegt nicht nur daran, daß sie allein weiß, was sie an ihm hat. Sie weiß auch, daß es die anderen wissen: Der kleine Mann an ihrer Seite ist etwas Besonderes.

Viele Frauen, die um die Energie kleiner Männer wissen, fühlen sich in erotischer Hinsicht mehr zu ihnen hingezogen als zu ihren höhergewachsenen Mitbewerbern; die Assoziation »dünn, knochig, ungelenk«, die man mit »lang« verbindet, tut ein übriges. Wer jetzt neugierig ist, ob denn kleine Männer auch im Bett Besonderes zu bieten haben, muß sich damit begnügen, daß der wahre Gentleman, ob groß oder klein, genießt – und schweigt.

Natürlich gibt es klein geratene Großmäuler, die sich zum Ausgleich für mangelnde Körpergröße mit Bettgeschichten schmücken, die genügend Stoff für mehrere erotische Fernsehserien abgäben. Die wahre Größe aber liegt im Verborgenen, und da sollte sie in diesem Fall auch bleiben.

Wie jede Medaille hat allerdings auch geringe Körpergröße ihre Kehrseite. Kleine Männer sind natürlich nicht alle außergewöhnlich selbstsicher und erfolgreich. Nicht jeder ist ein 1,64 kleiner Carlo Ponti neben einer 1,75 großen Sophia Loren oder ein 1,60 kleiner Danny de Vito neben seiner elf Zentimeter größeren Ehefrau. Die Mickey Rooneys, Dustin Hoffmans, Roman Polanskis und Henry Kissingers sind gewiß kein Trost für Männer, die unter ihrer geringen Körpergröße leiden.

Im Umgang mit ihrer Körpergröße machen manche eher kleingewachsenen Herren bedauerlicherweise Fehler, die nicht sein müßten, und kehren genau das ins Gegenteil, was diese Männer eigentlich auszeichnet. So sind manche von ihnen schon nicht mehr energisch,

sondern echte Choleriker, die Komplexe und Profil-
neurosen spazierentragen und deren geistige Größe auf
die ihres Körpermaßes zusammengeschrumpft ist, weil
sie sich in Nebensächlichkeiten verlieren.

Nun bin ich keine Psychologin; sollten Sie also zu den
Männern gehören, um die es in diesem Kapitel geht,
erwarten Sie von mir nicht die Lösung eventueller Probleme. Aber soviel ist klar: Die Malaise Nummer eins
resultiert aus der Verdrängung und dem unbedingten
Streben nach Leistung und Anerkennung. Für viele
kleine Männer zählt nur noch Arbeit, Arbeit und nochmals Arbeit, um Erfolg, Erfolg und abermals Erfolg zu
haben – und bald denken und reden sie von überhaupt
nichts anderem mehr. Muß ich noch erwähnen, daß dabei ihr Humor und vor allem ihr Charme vollkommen
auf der Strecke bleiben? Daß sie in ihrem Vorwärts-
drängen und ihrer verbiesterten Exaktheit die Fähigkeit
verlieren, lässig zu sein und fünf auch mal gerade sein
zu lassen?

Charme und Gelassenheit Hier ist eine Spur mehr Ausgewogenheit gefragt:
Mangelndes Selbstbewußtsein muß ebensowenig sein
wie übersteigertes. Leben Sie mit ihrer Körpergröße,
wie andere mit ihrer Glatze leben oder mit ihrer Kurz-
sichtigkeit, ihrem Muttermal oder ihrem Bauch. Und es
ist ja nicht so, daß Ihnen ein Unglück zugestoßen wäre.
Sie sind schließlich nicht eines Morgens aufgewacht
und mußten feststellen, daß Sie über Nacht um zwanzig
Zentimeter geschrumpft sind. Sie sind – buchstäblich! –
mit Ihrem Körpermaß großgeworden, also nehmen Sie
sich, wie Sie sind, machen Sie keinen Kasper aus sich,
und verstecken Sie sich nicht. Ständiges Grübeln über
die göttliche Ungerechtigkeit, die Sie hat kleiner werden

lassen als andere Männer, führt nur dazu, daß Ihre Gedanken immer wieder von dem abgelenkt werden, was wirklich zählt im Leben. Nur wer sich seiner selbst sicher ist, hat auch was auszustrahlen.

Denn genau das erwarten Frauen von Ihnen: daß Sie ohne Probleme mit Ihrem Körper umzugehen wissen, so wie er ist. Zeigen Sie ihr, daß es Ihnen nicht an Größe mangelt, sondern an so etwas relativ Unbedeutendem wie ein paar Zentimetern, die für Sie sowieso kein Maßstab sind. Denken Sie ruhig hin und wieder an Carlo Ponti. Sein kleiner Wuchs hat ihn schließlich auch nicht davon abgehalten, sich die schöne, ewig junge Sophia Loren zu erobern und dauerhaft für sich zu gewinnen.

Kapitel 10

Wie angelt man sich das Herz einer verheirateten Frau – und wie wird man es wieder los

Was ein geübter Casanova mit dem hübschen Begriff »ein Herz angeln« umschreibt, erfüllt den Tatbestand von Diebstahl, wenn es um eine verheiratete Frau geht. Machen Sie sich nichts vor, meine Herren – Sie haben nicht die geringsten Rechte an ihr und sollten keine wie auch immer begründeten Ansprüche an sie stellen.

Lassen Sie sich durch die Überschrift nicht irreführen. Dieses Kapitel ist keine Gebrauchsanleitung für losgelassene Gigolos; *Sie*, Gigolo, fragen besser in der »Playboy«-Redaktion nach der Ausgabe mit den »100 todsicheren Tips, eine Frau anzubaggern«. Auch eventuelle Hallodris, denen es vor allem ums »Wie wird man es wieder los, das Herz« geht, muß ich enttäuschen.

Dieses Kapitel ist vielmehr für all die Hilflosen und Schutzbedürftigen gedacht, denen folgendes passiert – und es passiert ständig: Ein Mann verliebt sich, wird plötzlich und völlig unerwartet magisch in den Bann einer Frau gezogen, die ihrerseits seiner Ausstrahlung von Romantik, Humor, Verständnis und Stärke nicht widerstehen kann. Der Verstand versagt – was bleibt, ist der unbedingte Wunsch, diese Frau haben zu wollen; das Wissen um ihre eheliche Bindung tritt in den Hintergrund. Aber, meine Herren, genau dort lauert die Gefahr. Über allem Planen, Denken, Wünschen und Handeln steht die Tatsache: »Sie ist verheiratet!«

Wenn auch das Spiel mit dem Feuer am Anfang recht Vorsicht! amüsant ist, sollten Sie sich davor hüten, im Strudel nicht mehr zu bändigender Gefühle unterzugehen. Ich möchte Sie allerdings nicht generell davor warnen, überhaupt ein Verhältnis mit einer verheirateten Frau einzugehen. Wer in die weiß Gott nicht unglückliche Seelenlage gerät, eine Frau zu begehren, und von ihr ebenso begehrt wird, dem muß man angesichts der heutigen flauen Gefühlszustände in Beziehungen, die schon als Wrack vom Stapel laufen, tatsächlich gratulieren.

Wovor ich jedoch eindringlich warnen möchte, ist nachlassende Vorsicht. Ihr Verhältnis und Sie können glücklich und unbehelligt tun und lassen, was Sie wollen, sofern Sie nur achtsam sind. Um diese Vorsicht in allen Facetten geht es in diesem Kapitel, um nicht mehr, aber auch nicht weniger.

Höre ich da Unmutsäußerungen seitens meiner verheirateten Leser? Wirft mir schon jetzt jemand vor, ich sei eine lose Ratgeberin, die den Esel erst aufs Eis führt? Die denjenigen, die einmal mit dem Gedanken gespielt haben, ein Verhältnis mit einer Ehefrau zu versuchen, sich aber in letzter Konsequenz nicht trauten, nun durch die Blume zeigt, wie's geht?

Nur die Ruhe. Setzen Sie sich wieder hin und machen Sie sich klar, daß Sie mit Hilfe dieses Kapitels Ihrem potentiellen Nebenbuhler ebenbürtig werden können. Wenn der Platzhirsch die Tricks und Finten seines Herausforderers kennt, wird er sich darauf einstellen und parieren können. Es herrscht Gleichgewicht der Kräfte, und ruhigen Gewissens kann ich Ihnen nun beibringen, wie Sie eine Ehefrau vom Haken nehmen, wenn Sie eine geangelt haben.

Nicht ganz zu Unrecht kann die Gegenseite an dieser Stelle einwerfen, daß es ja wohl eher die verheirateten Frauen sind, die ihre Angeln nach dem Herz eines Mannes auswerfen. Ein Gentleman würde schließlich nie von selbst auf die Idee kommen, einen anderen Gentleman zu betrügen.

Was Sie anrichten! Das Herz eines Mannes ist und bleibt ein finsteres Loch. *Sie* sind es nämlich, der mit allen Attributen des attraktiven Mannes Vorstellungen und Phantasien in der Dame wecken, die sie lange begraben glaubte. Ob Sie es wollen oder nicht, Sie rufen in ihr den Wunsch nach Romantik wach, das Bedürfnis nach Zärtlichkeit, die Hoffnung auf Verständnis, den Gedanken an unbeschwertes Lachen oder schlicht das Verlangen nach Sex – sofern es sich um eine Frau handelt, in deren Ehe diese Dinge im Laufe der Jahre in triste Vergessenheit geraten und fast verloren gegangen sind. Auf nymphomanisch veranlagte Frauen möchte ich in diesem Kapitel nicht eingehen – für sie gelten andere Gesetze.

Da stehen Sie nun in aller Unschuld, aber geben Sie es ruhig zu: Sie empfangen die Signale einer Frau und finden es einfach großartig, ein begehrter Mann zu sein. Na und? Es *ist* großartig, begehrt zu sein. Aber nur solange, wie man dem Begehren gerecht wird. Sie müssen zuerst lernen, was diese Frau von einem Verhältnis erwartet. Spielen Sie nicht sofort die rettende Kavallerie, sonst gehen Sie unter wie die Leichte Brigade bei Balaklawa. Interpretieren Sie die Signale, die von der Dame ausgehen, richtig.

Es mag Sie verwirren, wenn Ihnen die Frau, deren

98

Zeichen Sie mehr oder weniger deutlich empfangen haben, bei ersten annähernden Gesprächen lächelnd versichert, glücklich verheiratet zu sein. Nun ziehen Sie sich nicht gleich schmollend zurück wie das genarrte Opfer weiblicher Eulenspiegeleien. Sie kann im Prinzip tatsächlich glücklich verheiratet oder mit ihrer Ehe zumindest nicht unzufrieden sein. Und doch sind gerade Sie der Mann, der Eigenschaften aufweist, über die ihr Ehemann nicht verfügt. Warten Sie nur ab – spätestens bei Ihrem ersten Rendezvous wird Ihnen die Dame schon zu verstehen geben, was Sie in ihren Augen so attraktiv macht.

Bevor es zu diesem Stelldichein kommt, wird wahrscheinlich mindestens eine Nacht vergehen. Wenn es eine schlaflose für Sie wird, haben Sie ausreichend Gelegenheit, sich zu fragen, was Sie von dieser Frau wollen. Das muß Ihnen von vornherein klar sein, denn mehr als jedes andere Minnespiel verlangt die Beziehung zu einer verheirateten Frau nach einer Strategie. Vielleicht suchen Sie nur ein unkompliziertes Verhältnis, das jederzeit wieder beendet werden kann. Warum nicht. Nur müssen die Weichen frühzeitig in diese Richtung gestellt werden, sonst können Sie sich auf den rutschigen Gleisen fataler Abhängigkeit verlieren.

Aber soweit ist es beim ersten Rendezvous ja noch gar nicht. Sie haben vielmehr die Büroarbeit vernachlässigt und sich den ganzen Tag über den Kopf zerbrochen, wo Sie sich mit der Dame treffen können, ohne von Freunden, Bekannten oder Geschäftspartnern gesehen zu werden. Unter dem Motto: »Diskretion« haben Sie sich schließlich für ein kleines Dorfgasthaus in ländlicher Idylle entschieden.

Falsch gedacht. Wenn Sie *dort* zufällig jemand trifft, der Sie, Ihre Begleiterin oder beide kennt, hat das den gleichen Effekt, als würden Sie »Ich liebe die Frau von Herrn X.« in den Mittagshimmel über Ihre Stadt schreiben. Je abgelegener und verschwiegener der Treffpunkt ist, desto verdächtiger machen Sie sich. Ein unverfänglicher Ort, der öffentlich und frequentiert sein darf, eignet sich als Bühne für Ihre Rolle des Unschuldsengels am besten. Wer immer Sie oder Ihre Begleiterin mit einem lauernd-hämischen »Schau an, schau an, wen haben wir denn da?« anspricht: Mit einer Retourkutsche nehmen Sie ihm leicht den Wind aus den Segeln. Sie erklären die Begegnung lächelnd mit dem Zufall, wie er an einem Ort wie diesem nicht ausbleiben kann.

Treiben Sie's aber bloß nicht auf die Spitze und laden einen solchen Urias an den Tisch ein, um noch unverdächtiger zu wirken. Sie kennen doch die unausrottbare Spezies, in der sich Neugier und der Hang, sich über andere Leute das Maul zu zerreißen, pathologisch mischen. Aus dem gleichen Grund treffen sich auch diejenigen unter Ihnen, die in einem Verhältnis mit einer verheirateten Frau das prickelnde Abenteuer suchen, nicht absichtlich an Orten, wo es von gemeinsamen Bekannten nur so wimmelt.

Sie laden Ihre verheiratete Neuentdeckung also zu einer unproblematischen Zeit ein, etwa zum Mittagessen oder zu einem Drink zur Happy-hour. Zeigen Sie sich aufmerksam, humorvoll, unterhaltsam und romantisch, denn diese Eigenschaften sucht sie bei Ihnen. Verschütten Sie Ihre Goldgrube nicht, indem Sie ihr ein schlechtes Gewissen bereiten und Sie aushorchen, was sie ihrem Mann erzählt habe, wo sie sei. Überhaupt ist

100

der Ehemann kein Thema für das Rendezvous. Ihre Begleitung sehnt sich doch danach, Ihnen als autarke Person gegenüberzusitzen. Sieht sie ihre Handlungsfreiheit eingeschränkt, weil Sie sie dauernd daran erinnern, die Ehefrau von Herrn X zu sein, hätte sie auch gleich zu Hause bleiben und weiter das brave Weib spielen können.

Das Verhängnis, pardon, Verhältnis nimmt nun seinen Lauf. Als Mann, der ein gerüttelt Maß an Phantasie sein eigen nennt, überraschen Sie sie mit den kleinen Aufmerksamkeiten, mit denen sich besonders eine verheiratete Frau gern verwöhnen läßt. Ihr Klotz von einem Ehemann hat die güldenen Zeiten des großen Verliebtseins doch schon längst in der Sockenschublade abgelegt und kommt gar nicht mehr auf die Idee, seiner Frau Blumen, Konfekt, Parfüm oder die eine oder andere Aufmerksamkeit zu schenken.

Kleine Aufmerksamkeiten

Das übernehmen von nun an Sie, ohne sie gleich damit zu bombardieren. Nur keine Angst vor dem Ehemann! Selbst wenn er dunkel ahnt, daß da irgendwo auf der Welt jemand ist, der seine Frau attraktiv finden könnte: Er weiß ja nicht, welcher Pirat das sein mag. Ihre Aufmerksamkeiten sind schließlich unverfänglich und tragen keinerlei Hinweise auf den Absender. Ihr Verhältnis weiß ohnehin, von wem sie stammen.

Damit haben wir auch schon die erste Seite der nächsten Lektion aufgeschlagen, über der wieder einmal groß und deutlich »Diskretion« steht. Sie ist das A und O Ihrer Beziehung und bei allen Strategien und Taktiken oberstes Gebot.

Nun gibt es zwei Arten von Diskretion, die Sie bei

Und nochmals: Diskretion!

Ihrem Verhältnis walten lassen sollten. Die eine schützt Sie vor den Rankünen der Gesellschaft, die andere vor weiblicher Rache, die mehr Unheil anrichten kann als das Erdbeben, das Atlantis zum Untergang verdammte.

Über die Diskretion nach außen habe ich bereits das Entscheidende gesagt; Vorsicht, Umsicht und Geheimhaltung gehören längst zu Ihrem festen Repertoire.

Zwei weitere Aspekte aber werden häufig zu leichtfertig behandelt: Sollte Ihr verheiratetes Verhältnis Kinder haben, sind diese unbedingt aus dem Spiel zu lassen. Es bringt zwangsläufig Ärger, wenn Sie auch in die Rolle des guten Onkels schlüpfen. Gestern haben Sie noch über den Witz gelacht, in dem der sechsjährige Bengel seinem Vater strahlend über die täglichen Besuche des Milchmannes bei der Mama erzählte, und morgen bleibt Ihnen das Lachen im Halse stecken. Im Sprichwort »Kindermund tut Wahrheit kund« glimmt ein Riesenfünkchen Wahrheit.

Wenn auch Haustiere im allgemeinen verschwiegen und plappernde Papageien im speziellen selten sind, gilt zumindest für Hunde sinngemäß das gleiche wie für Kinder. Stellen Sie sich vor, Sie begegnen Ihrer verheirateten Geliebten in Begleitung ihres Ehemannes und des Hundes beim Spaziergang im Park, und der Hund freut sich über Sie mehr als über sein Herrchen, wenn es abends nach Hause kommt. Wie erklären Sie das?

Versuchung auf Reisen Die Reise, nach der Ihnen unweigerlich über kurz oder lang der Sinn stehen wird, haben Sie so geschickt eingefädelt, wie es ein Drehbuchautor nicht besser hätte arrangieren können. Ihr Film läuft folgendermaßen ab: Die Heldin hat ihrem Gatten glaubhaft machen können, daß ein Kurzurlaub das beste für sie wäre, um den allgemeinen Streß abzubauen, dem sie in letzter Zeit ausgesetzt war. War sie keinem erkennbaren Streß ausgesetzt, lassen Sie in Ihrem Drehbuch als Alternative den längst überfälligen Besuch bei einer guten alten Freundin in einer anderen Stadt offen, aber nur, wenn sicher ist, daß eine solche Freundin existiert, daß sie verschwiegen ist und für einen Kontrollanruf des Ehemannes eine gute Story parat hat.

Held und Heldin reisen getrennt an den Ort des Geschehens, einen Ort, der bekannt ist für alleinreisende Kurzurlauber, die sich ein paar Tage entspannen, verwöhnen oder auch nur amüsieren wollen. Nachdem Sie die Idee verworfen haben, sich in zwei verschiedenen Herbergen einzuquartieren, weil es auffallen würde, wenn der Held als Nicht-Gast häufig im Hotel seiner Dame gesehen werden würde und umgekehrt, buchen Sie in einem möglichst großen Hotel getrennte Zimmer.

Happy-End: Die beiden Liebenden sind endlich allein. Plötzlich kracht die Hotelzimmertür aus den Fugen, und ein fuchsteufelswilder Ehemann steht im Türrahmen. Wie so oft bei der Planung eines großen Coups hat der Held in seiner drehbuchreifen Planung ein winziges Detail übersehen: Er hat sich nicht unter fremdem Namen eingecheckt, und der Ehemann, der ihn vage verdächtigte, konnte durch einen Anruf leicht feststellen, daß sich der Nebenbuhler im gleichen Hotel aufhielt wie seine Gattin.

Wer diesen Fall als unwahrscheinlich abtut, schreibt zur Strafe hundertmal »Ich muß mich an drei Dinge halten: Vorsicht, Umsicht, Diskretion«.

... wie wird man
es wieder los,
das Herz

Warten Sie bloß nicht wie das Lamm auf die Schlacht-
bank, sondern machen Sie sich als kluger Mann, der
vorbaut, frühzeitig Gedanken über das Ende Ihrer Beziehung. Sonst bricht der Vulkan, auf dem Sie tanzen,
aus wie der Vesuv. Alle sahen ihn qualmen, aber jeder
dachte: »Das gibt sich schon von selbst.« Aus der Asche,
die dann herabregnete, ist übrigens nicht ein einziger
Phönix auferstanden.

Die Zeichen der Zeit, die die Trennung einläuten,
werden Sie selbst am besten erkennen. Langeweile,
Strapazen, Lustlosigkeit, Oberflächlichkeit – mögliche
Symptome aufzuzählen hieße, Eulen nach Athen zu
tragen. Eine Eule, die bereits zwischen den Zeilen her-
umgeflattert ist, möchte ich allerdings doch noch etwas
genauer beleuchten. Sie haben sich eine gesunde Vorsicht angeeignet und Ihr Verhältnis stets genau beobachtet. Plötzlich stellen Sie fest, daß die Dame beginnt,
sich in Dinge einzumischen, die sie nichts angehen, daß
sie kontrolliert, was Sie in Ihrer Freizeit tun, mehr noch,
daß sie Zeichen von Eifersucht an den Tag legt. Eifersucht? Ausgerechnet bei einer verheirateten Frau, die
ein Verhältnis hat? Sie mögen darüber lächeln, aber
bedenken Sie, daß sie im Zweifel einfach nicht so handeln (und einschreiten) kann, wie sie gern wollte, weil
ihr durch ihre Ehe die Hände gebunden sind.

Aus welchem Grund auch immer Sie ernsthaft über
eine Trennung nachdenken, Sie haben vier Möglichkeiten, sie zu vollziehen.

Sie können schnell und hart einen Schlußstrich ziehen, ohne auf die Empfindungen der Dame Rücksicht
zu nehmen. Dieses Vorgehen möchte ich nicht unbedingt empfehlen, es sei denn, Sie sind sich hundertpro-

zentig sicher, daß Sie es nicht mit einer schlechten Verliererin zu tun haben, die in ihrem verletzten Stolz nur noch auf Rache aus ist. Nicht vergessen: Die Rache einer Frau kann fürchterlich sein.

Der bessere, weil diplomatischere Weg, der zugleich nicht allem ein Ende setzen muß, was Sie beide verbindet, ist eine freundschaftliche Trennung. Sie braucht ihre Zeit und verlangt Verständnis und Ehrlichkeit, ist aber ein realistischer Weg zu einer Freundschaft, den Ihre Geliebte vielleicht braucht und auf die Sie wahrscheinlich auch nicht ganz verzichten wollen. Ein solches Verhältnis ist dann unbelastet von ständiger Vorsicht und Furcht vor Aufdeckung, und Sie beide können sich in Gesellschaft von gemeinsamen Freunden und Bekannten und vor allem in Gegenwart des Ehemannes endlich frei bewegen.

Es gibt auch eine Möglichkeit, das Verhältnis langsam, aber sicher ausklingen zu lassen, die kaum unangenehme Folgen hat und keines großen emotionalen Aufwandes bedarf, wohl aber einer gewissen Cleverneß: Werden Sie einfach wie ihr Ehemann. Begehen Sie die gleichen Fehler wie er, werden Sie ebenso langweilig und unaufmerksam und lassen Sie ermüdende Routine einkehren. Ihr Verhältnis, das sich plötzlich vom Regen in die Traufe versetzt findet, wird Sie mehr und mehr in Ruhe lassen und sich schließlich von Ihnen lösen.

Sofern die Beziehung vorrangig sexueller Natur war, können Sie die Dame auch einfach abtreten. Vermitteln Sie sie weiter. Stellen Sie ihr einen Freund vor, von dem Sie überzeugt sind, daß er Ihren Ansprüchen gewachsen sein wird; andernfalls klopft sie eines Tages doch wieder an Ihre Schlafzimmertür.

Einen Fehler dürfen Sie jedoch nicht begehen, auf welche Art auch immer Sie sich trennen: Führen Sie als Grund nicht an, daß Sie es leid seien, Ihre Geliebte mit dem Ehemann zu teilen, weshalb Sie viel zu wenig voneinander hätten. Die Frau wird unter Umständen nicht lange zögern und mit ihren Koffern vor Ihrer Tür stehen. Und was dann?

Warum auch nicht? Ohne ein Happy-End möchte ich Sie jedoch nicht entlassen. Immerhin ist es möglich, daß sich beim Zusammensein mit Ihrer verheirateten Geliebten vertrackt die Klänge von Hochzeitsglocken in das Pochen Ihrer Herzen mischen. Auch das kommt vor: Ein Mann verliebt sich in eine verheiratete Frau und versucht sie unter dem Motto: »Sie auf ewig oder keine!« zu erobern und an sich zu binden. Sollte es Ihnen je so ergehen, dann verwerfen Sie die Vorstellung, ihr einen Heiratsantrag zu machen, nicht – tun Sie's einfach.

106

Kapitel 11

Das hat mir gerade noch gefehlt –
Frau mit Kind

Sie haben kürzlich eine Frau kennengelernt, die Ihren Traumvorstellungen so nahe kommt wie keine zuvor. Sie zeigt ein gewisses Maß an Unabhängigkeit, wirkt sehr reif, ist aufmerksam und sieht selbstverständlich auch noch phantastisch aus. Volltreffer, denken Sie! Jedenfalls bis zu dem Tag, an dem Sie und Ihre »Neue« beim ersten Treffen in einem netten Café zusammensitzen und Sie die Wege zu einem romantischen Abendessen ebnen wollen. Sie überlegen sogar, ob vielleicht nicht schon eine kleine Wochenendreise drin sein könnte. Während sich Ihr bezauberndes Gegenüber dann tatsächlich ihren Terminplaner vornimmt, sind Sie so begeistert, daß Ihnen die plötzliche Sachlichkeit in ihren Augen zuerst entgeht. Und so erfahren Sie etwas, was Sie ganz schnell wieder vom hohen Roß Ihrer Träume und Schwärmereien herunterholt. Ihre Angebetete teilt Ihnen mit, daß sie nicht alleine ist, sondern stolze Mutter. Ihre Worte drücken aus, was ihr wirklich im Kopf herumging, als sie ihren Kalender befragte: »Es wäre herrlich, wenn wir uns am Freitagabend schon wiedersehen würden – ich muß nur sehen, ob der Babysitter Zeit hat.«

Aus und vorbei, denken Sie? Alles verdorben? Nein, durchaus nicht. Sofern Sie bereit sind mitzuspielen, begeben Sie sich lediglich auf ein neues Spielfeld mit etwas anderen Regeln.

Grundsätzlich sei Ihnen gesagt, daß Sie überhaupt nicht erst antreten sollten, wenn Sie Kinder wirklich und wahrhaftig nicht mögen. Sie kennen doch das Sprichwort vom Ende mit Schrecken, das besser ist als ein Schrecken ohne Ende. Also vergessen Sie die Frau, auch wenn's schwerfällt. Sollten Sie es, blind vor Verlangen, dennoch wagen, sich mit ihr und ihrem Anhängsel einzulassen, wird die Frau über kurz oder lang *Sie* vergessen.

Sie müssen teilen lernen
Zu den egoistischen und einnehmenden Männern sollten Sie ebenfalls nicht gehören, denn wenn Ihr Interesse ernsthafter Natur ist, müssen Sie von nun an lernen zu teilen: Die Liebe Ihrer Auserwählten wird nie uneingeschränkt Ihnen gelten, und Sie selbst können Ihre Zuneigung auch nicht allein der Mutter entgegenbringen.

Wenn Sie bereit sind, eine Beziehung zu einer Frau mit Anhang einzugehen, dann habe ich eine gute und eine schlechte Nachricht für Sie. Die gute: Es bringt gewisse Vorteile mit sich. Die schlechte: Es hat auch Nachteile.

Sie erinnern sich vielleicht an frühere Eroberungen, die nicht hielten, was der erste Eindruck versprochen hatte – wenn sich die vermeintliche Frau Ihres Lebens etwa als ziemlich unerfahren, völlig unselbständig oder anhänglich wie ein Klammeraffe herausstellte. Unerwünschte Charakterzüge dieser Art werden Sie bei einer alleinerziehenden Frau kaum finden. Sie bringt einfach eine gewisse Lebenserfahrung mit und steht mit beiden Beinen auf dem Boden der Tatsachen, ist daran gewöhnt, ihr Leben selbst zu organisieren, und wird Sie nicht permanent in Beschlag nehmen.

Vorsicht sollten Sie bei Frauen walten lassen, deren

vorherige Beziehung noch nicht lange zu Ende ist, denn die trennungsbedingten Probleme können noch recht heftig sein. Ich meine damit nicht unbedingt, daß Ihrer neuen Freundin immer noch der Geschiedene im Kopf herumspukt und Sie gegen ihn kämpfen müssen wie gegen eine Phantom-Konkurrenz. Sie sind schließlich in jeder Hinsicht besser als der Exgatte. Sie müssen vielmehr aufpassen, daß Sie nicht plötzlich mitten im Rechtsstreit um die Scheidung stecken oder mit hineingezogen werden.

Ein weiterer Nachteil können das Kind oder die Kinder selbst sein, die Sie sich da zulegen, denn nicht jedes Kind ist ein liebreizender Engel. Schlecht oder gar nicht erzogene Kinder können Ihnen das Leben zur Hölle machen. Autorität von Ihrer Seite ist fehl am Platz, und Sie können nichts anderes tun, als das Kreuz geduldig zu ertragen. Schließlich sind Sie nicht der Vater und haben deshalb kein Recht, sich in Erziehungsfragen einzumischen. Dies käme erst bei einem Zusammenleben in Frage. Ob es überhaupt dazu kommt, werden Sie sich angesichts eines mißratenen Teufelsbraten aber wahrscheinlich sehr genau überlegen. Ein Kind wird schließlich nicht von allein zu einem ungezogenen kleinen Biest, und vielleicht müssen Sie erst auf diesem Wege erkennen, daß Ihre neue Traumfrau sich selbst nicht im Griff hat, wenn sie schon mit ihrem Kind nicht umgehen kann.

Lassen Sie uns aber vom Normalfall ausgehen: Nicht nur Ihre Freundin, sondern auch deren Sprößling sind in jeder Beziehung umwerfend. Doch damit gehen die Probleme erst richtig los. Wenn Sie bei Mutter und

Kinder sprechen Bände

Kind Erfolg haben wollen, müssen Sie die Freundschaft allmählich und behutsam aufbauen. Besonders von dem Kind können Sie nicht erwarten und verlangen, daß es Sie von heute auf morgen mit der allergrößten Selbstverständlichkeit als allerbesten Freund der Familie akzeptiert. Für Männer, die versuchen, sich sofort als Ersatzvater aufzuspielen, wurde nämlich das Wort vom Elefanten im Porzellanladen geprägt.

Zu einer langsamen und freunschaftlichen Annäherung gehört zum Beispiel auch, daß das Kind Sie nicht gleich am Anfang morgens im Bett der Mutter sieht. Sie werden dann rasch zum Eindringling und Nebenbuhler um die Zuneigung der Mutter abgestempelt. Falsch wäre es auch, sich die Freundschaft des Kindes »erkaufen« zu wollen, indem Sie es ständig mit Geschenken überhäufen. Erstens kann es nicht im Sinne der Mutter sein, daß ihr Kind zu sehr verwöhnt wird. Zweitens lernt das Kind Sie mit der Zeit nur noch als »den, der mit Geschenken antanzt« schätzen, ohne daß Sie Gelegenheit hätten, sich auch in anderer Hinsicht als guter Freund beweisen zu können.

Auch Ihre Zeit müssen Sie nun unter anderen Aspekten neu einteilen. Beziehungsweise damit zufrieden sein, wie ein Stück Ihrer Zeit von anderen eingeteilt wird. Einige liebgewordene Gewohnheiten sollten Sie sich vielleicht ebenfalls abschminken. Da träumen Sie gerade von einem ausgiebigen Frühstück mit Ihrer Liebsten im Bett und werden in aller Herrgottsfrühe von einem zerzausten kleinen Bengel im verrutschten Pyjama geweckt, der an der Bettdecke zerrt, unter der Ihre Freundin neben Ihnen den Schlaf der Gerechten schläft, und sie auffordert, doch jetzt bitte auf der

Stelle mit ihm zu spielen. Um halb sieben an einem Sonntagmorgen.

Lassen Sie Mutter und Kind genügend Zeit füreinander. Sie können nicht die gesamte Aufmerksamkeit der Mutter für sich beanspruchen. Zum einen wird sie Ihnen diese ohnehin nicht komplett schenken, zum anderen besteht hier wieder hervorragende Gelegenheit, sich in den Augen des Kindes als finsterer Konkurrent zu erweisen. Genauso verkehrt wäre es natürlich, wenn Sie sich fast ausschließlich um das Kind kümmern würden. Aber so toll, wie Ihre wunderbare Freundin ist, kämen Sie bestimmt nicht auf den Gedanken, sie links liegen zu lassen.

Wenn Sie hinsichtlich Zeit und Aufmerksamkeit die goldene Mitte gefunden haben, gibt es neben den Kombinationen »Sie allein mit Ihrer Partnerin« und »Sie zusammen mit Partnerin und Kind« auch die Konstellation »Sie allein mit Kind« zu bewältigen. Stellen Sie sich also auch auf ein Kinderprogramm ein. Freuen Sie sich auf bewegte Kinobesuche, darauf, sich das »Dschungelbuch« zwischen Horden quietschender Jungen und Mädchen anzusehen. Machen Sie sich in Computerspielen fit, passen Sie aber auf, daß Sie nicht gleich süchtig werden (obwohl der/die Kleine Sie sowieso schlagen wird). Erinnern Sie sich an Ihre eigene Kindheit, wenn es darum geht, eine Gutenachtgeschichte zu erzählen oder vorzulesen – und schlafen Sie dabei nicht selbst ein, denn das nimmt Ihren Bemühungen leicht die Ernsthaftigkeit. Natürlich wird es auch vorkommen, daß die Mama keine Zeit hat und Sie es übernehmen müssen, den Sprößling vom Kindergarten abzuholen, zum Klavierunterricht zu bringen, bei der

Reitstunde zu bewundern oder gar zum Zahnarzt zu begleiten. Zweifellos werden Ihnen bei diesen Gelegenheiten andere Mütter und unter Umständen auch Freundinnen Ihrer Partnerin begegnen. Da heißt es Kopf hoch, mutig rangehen und sich für alle Fälle mit einschlägigem Gesprächsstoff versorgen. Und wer je allein mit dem Kind zu Mittag ißt und sich nicht wie Dustin Hoffman in »Kramer gegen Kramer« mit der unbeholfenen Zubereitung von »Armen Rittern« blamieren möchte, erinnere sich guten Gewissens an die bei Kindern allseits beliebten Burger-Restaurants.

Nun vergessen Sie bei aller Aufmerksamkeit für das Kind bloß nicht, daß Sie genügend Gelegenheit finden, mit Ihrer Traumfrau ganz allein sein zu können. In geschiedenen Ehen ist es beinahe die Regel, daß die Kleinen stundenweise oder ganze Wochenenden bei ihrem leiblichen Vater sind. Diese Tage sollten Sie und die Dame Ihres Herzens wirklich allein für sich genießen. Völlig ungestört von wilden Zeichentrickfilmen im Fernsehen, aufgeschrammten kleinen Knien und tausend wichtigen Kinderfragen können sie beide sich einander widmen und die Dinge nachholen, zu denen Sie lange nicht gekommen sind. Verschwenden Sie die schöne Zeit der »sturmfreien Bude« nicht nur mit Besuchen von Parties und Discotheken; das können Sie auch tun, wenn das Kind im Lande ist, denn dafür gibt es schließlich Babysitter, liebe Großmütter, die beste Freundin und gute Nachbarn.

Toi, toi, toi! Nun zerbrechen Sie sich bitte nicht den Kopf, ob es sich bei all diesen Mühen und Problemen überhaupt lohnt,

eine Beziehung zu einer alleinerziehenden Mutter einzugehen. Sie verpassen sonst unter Umständen die
Chance, die Frau Ihres Lebens kennenzulernen. Wenn
Sie sich wirklich in eine Dame mit Sprößling verlieben,
verlassen Sie sich darauf: Sie werden das Kind schon
schaukeln!

Kapitel 12

Leidenschaft ab fünfzig – altes Herz wird wieder jung

Junge Stiere führen sich manchmal wie alte Ochsen auf, während sich alte Ochsen meist sehr wohl daran erinnern, wie sie sich als junge Stiere danebenbenommen haben. Wenn Sie zu den Lesern gesetzteren Alters gehören, sollten Sie sich in einer Beziehung besonders glücklich schätzen können. Im Hinblick auf Liebe, Leidenschaft, Rendezvous und Romanzen haben Sie schon reichlich Erfahrungen hinter sich. Der Nachwuchs darf sich seine Blessuren noch holen und muß sich die Meriten erst noch verdienen.

»Hinter sich« bedeutet aber noch lange nicht »abgeschlossen haben«. Warum sollten Sie das Kapitel ›Die Frau an sich und im speziellen‹ auch gerade jetzt beenden, da Sie aus dem vollen Pool Ihrer Erlebnisse, Erkenntnisse und Weisheiten schöpfen können? Sie tun es aber bitte mit einer guten Portion Besonnenheit, die Ihnen mit den Jahren mehr und mehr in Fleisch und Blut übergegangen sein dürfte. Wer sich in der Jugend zum Narren macht, dem gesteht man noch gewisse Heilungschancen zu. Wer aber mit fünfzig glaubt, als Salonlöwe noch einmal triumphierend in die Damenwelt Einzug halten zu können, macht sich leicht zum schwadronierenden, chargierenden alten Narren. Und aus einem alten Narren kann eigentlich nur noch eines werden: ein uralter Narr.

Die Segnungen und Errungenschaften des 20. Jahrhunderts geben Ihnen einen relativ sicheren Halt. Die Zeiten, in denen man sich schon in jungen Jahren Gedanken über Testament und Beerdigung gemacht haben mußte, gehören der Vergangenheit an; die durchschnittliche Lebensdauer hat sich ständig erhöht, medizinische Wissenschaft und moderne Schönheitspflege bringen allen Altersschichten ein angemessenes Körper- und Ernährungsbewußtsein nahe und lassen nichts unversucht, um jugendliche Spannkraft und sportliche Aktivität zu erhalten. Sind es heute die Fünfziger, deren jungenhafter Charme gerühmt wird, so wird man vielleicht schon bald von den jugendlichen Sechzigern sprechen.

Der Archetyp des Bonvivants mit den grauen Schläfen hat sich jedenfalls zu einem zeitgemäßen Typus entwickelt, der aus unserer Gesellschaft nicht mehr wegzudenken ist. Wenn Sie Ihrer Beobachtungskraft freien Lauf lassen, werden Sie zum einen bestätigt finden, daß sich das Aussehen dieses Typus irgendwo zwischen einem Maurice Chevalier und einem David Niven einordnet. Ihr Blick wandert jedoch weiter und bleibt an einem Mittfünfziger hängen, der höchstens einen Vergleich mit dem alten Marlon Brando zuläßt. Und doch hat er mit der größten Selbstverständlichkeit eine schöne junge Frau an der Seite, die fast seine Tochter sein könnte. Sie sagen sich einmal mehr, daß es gutes Aussehen allein nicht sein kann, was ältere Männer attraktiv macht.

Das geneigte Interesse, das älteren Herren als Solisten, ob Witwer oder Junggeselle, bei der Damenwelt finden, ist das Ergebnis der Jahre, die sie bereits hinter sich haben. Reifere Damen lassen sich gern von ihnen beraten. Und tatsächlich: Was soll ein junger Mann, dessen Ratschläge eher auf Spekulationen und Theorien beruhen, gegen die Welterfahrenheit eines Mannes Mitte der Fünfzig ausrichten?

Vielleicht haben Sie auch ein Bild vor Augen, das im Theater und auf der Leinwand zur Genüge strapaziert wurde: das des Salonmatadors, der mit der Pfeife in der Hand am Kaminsims lehnt und fesselnd aus seinem Wissensschatz zu plaudern versteht, umgeben von heißwangigen jungen Damen, die an seinen Lippen hängen und aufgeregt mit ihren Fächern wedeln. Dieses Genrebild enthält durchaus einen wahren Kern, der zumindest teilweise erklärt, weshalb ältere Herren nicht selten von jungen Frauen angehimmelt werden.

Was wohl dahintersteckt? Viele junge Männer finden einfach nicht heraus, was hinter dieser Bewunderung, Verehrung und Hingabe noch alles stecken mag, und sind ganz einfach sprachlos, daß so viele junge Damen den reiferen Herrn vorziehen. Noch rätselhafter ist es für sie, daß es unter den älteren Jahrgängen offenbar ausgesprochene Ladykiller gibt, die genau den Moment erkennen, in dem eine Frau ihnen regelrecht verfällt. Wie machen die alten Knaben das nur? Die müssen wohl einen ausgeprägten Instinkt entwickelt haben, vermuten die Jungen, aber das Gegenteil ist wahr. Es sind die unerfahrenen Männer, die vorerst ihren Instinkten vertrauen müssen, während die älteren auf Erfahrungswerte bauen können.

Ihre ganze Dynamik, meine jungen Herren, kann gegen den ruhigen Pol in Gestalt eines in sich ruhenden reifen Mannes ziemlich wenig ausrichten. Beinahe alles und jeder ist – oder gibt sich – heute »irgendwie dynamisch«, und bei diesem energischen Vorwärtsstreben

116

auf der Karriereleiter bleiben Stil und Manieren, Aufmerksamkeit, Höflichkeit und Romantik leicht auf der Strecke. Aber jene alten Kavaliere, die »altmodischen Grufties«, wie Sie sie vielleicht insgeheim titulieren, haben all dies nicht am Wegrand verloren. Sie dürfen gern glauben, daß eine Frau die liebevolle und verantwortungsbewußte Aufmerksamkeit, mit der sie ein versierter Kavalier der alten Schule umgibt, nicht ohne Grund der rauhbeinigen Dynamik des jungen Verehrers vorzieht.

Allen Jungdynamikern, die ihren Vater mit fünfzig aufs Abstellgleis geschoben haben, empfehle ich, ihn da schleunigst wieder herunterzuholen, ihm beide Ohren zu leihen und ihn erzählen zu lassen, wie er einst die Frauen umworben hat. Sie können eine ganze Menge lernen, worauf eine Frau damals wie heute großen Wert legt.

Vor kurzem fiel das Wort vom »alten Narren«. Wer sich entschlossen als ernst zu nehmender älterer Liebhaber etablieren will, kann nicht einfach darauf vertrauen, daß ihm das Erreichen der Fünfzig, gepaart mit einem Stewart-Granger-Äußeren, automatisch Türen und Tore zu den Herzen junger Frauen und reifer Damen öffnet. Wer älter wird, wird nicht automatisch weiser. Ausschließliches Plaudern über die glorreiche Vergangenheit wirkt irgendwann nur noch langweilig. Ewiges Ratgeben aus dem Schatz der Erfahrungen macht bald einen selbstgefälligen Eindruck, und ständiges Beharren auf dem Knigge von 1800 wirkt mit der Zeit verknöchert.

Folgendes sollten Sie ebenfalls nicht außer acht lassen: Der »bessere« ältere Herr behandelt seine Aventü-

Aber immer mit Stil!

117

ren mit Diskretion. Er hat es nicht nötig, seine Eroberungen zu präsentieren wie ein alter Jäger seine Trophäen, nur um zu beweisen, daß seine Geschütze immer noch treffen.

Vermeiden sollten Sie, sehr junge, unerfahrene Mädchen, deren Großvater Sie sein könnten, in eine Liebschaft zu verwickeln. Sie kämen leicht in einen seltsamen Ruf (um nicht zu sagen *Ver*ruf), den man nur schwer wieder los wird. Aber wären Sie sich überhaupt sicher, den Anforderungen und Ansprüchen eines jungen Mädchens gerecht werden zu können? Wer aus lauter Liebe zu seiner jugendlichen Freundin an einem Triathlon-Wettkampf teilnimmt, muß spätestens auf der Bahre der Ambulanz erkennen, daß man durch Haarefärben und das Tragen von Bauchgürteln nicht jünger wird. Akzeptieren Sie also Ihre Grenzen, und bleiben Sie sich Ihres Alters bewußt.

Stellen Sie allerdings auch Ihr Licht nicht unter den Scheffel. Es gibt ältere Herren, die über eine Menge Vorzüge verfügen, deren sie sich aber nicht ganz sicher sind. Darunter leidet ihr Selbstbewußtsein. Statt sich nun mutig einer echten Dame zu nähern, geraten sie in Gefahr, nur noch mit zweideutigen Wesen anzubändeln, die ohnehin nicht alles so genau nehmen. Wer sich dann mit ihnen in der Öffentlichkeit zeigt, hinterläßt einen albernen Eindruck.

. . . und in Maßen Ziehen Sie einfach alle Register Ihrer Liebenswürdigkeit, ohne dabei gleich zu übertreiben. Noch mehr Wirkung erzielen Sie freilich, wenn Sie sich mit einer geheimnisvollen, amourösen Aura umgeben – welche Frau wäre nicht auf diese Art von Geheimnis neugierig?

Schlendern Sie durch die Rendezvous-Stätten der

118

großen Welt. Wie oft begegnen Sie dort älteren Herren in Gesellschaft schöner, eleganter Frauen, die seine repräsentative Persönlichkeit offensichtlich zu schätzen wissen und von deutlichem Stolz erfüllt sind, den Platz an seiner Seite einnehmen zu dürfen. Ist das für einen Mann nicht ebenso neiderregend, wie es ein erstrebenswertes Ziel markiert?

»Macht und Reichtum«, wirft keck ein aufstrebender Jüngling ein. »Wer Geld und Einfluß besitzt, kann so alt werden, wie er will, und die Frauen liegen ihm immer noch zu Füßen.« Sie, junger Freund, haben nichts verstanden. Um Männer, die sich mit Geltung und Vermögen eine vorgegaukelte Jugend erschachern, ging es hier ebensowenig wie um Frauen, die nur um dieses Vermögens und um dieses Abglanzes der Macht willen das höhere Alter eines Mannes in Kauf nehmen.

Die Herren ab fünfzig wissen schon, was ich ihnen rate: Nutzen Sie Ihre Zeit, und haben Sie vor allem kein schlechtes Gewissen bezüglich Ihrer jungen Freundin, selbst wenn der Altersunterschied bedeutend sein sollte. Genießen Sie die Anwesenheit einer schönen Frau, und stellen Sie sich der Herausforderung.

Kapitel 13

Die geheimen Waffen einer Frau – darauf sollten Sie nicht hereinfallen

In keiner der gängigen Zitatensammlungen ist ausdrücklich von den »Waffen einer Frau« die Rede. Die Herren der Historie befleißigten sich noch einer nicht eben höflichen Ausdrucksweise und unterstellten den Frauen »Weiberlist« und »Frauentücke«. Aber bei allem Zynismus, der hinter solchen Redensarten steckte, konnte doch kein Mann seine (Ehr-)Furcht vor diesen »Waffen« ganz verleugnen. Letztendlich setzte er in Schlachten und Kriegen, in denen er alle Mittel für erlaubt erklärte, auch List und Tücke als Waffe ein. Ob es allerdings ein Mann war, der das geflügelte Wort »Im Krieg und in der Liebe sind alle Mittel erlaubt« erfand? Das bezweifele ich, denn kaum etwas ist strategisch wie auch taktisch besser organisiert als die Waffen einer Frau.

Es ist schon viel Wahres daran, wenn die Russen sagen, eine Frau, wäre sie denn aus Glas, bliebe dennoch undurchsichtig. Frauen sind einfach die besseren Schauspieler. Außerdem haben sie, im Gegensatz zu den sowohl ehrlicheren als auch phantasieloseren Männern, weder Scheu noch Skrupel, ihren Instinkten und Intuitionen freien Lauf zu lassen und ihre ureigenen, unverwechselbaren Vorzüge als Mittel zum Zweck einzusetzen. Besonders dann, wenn es darum geht, einen Mann nicht nur um den kleinen Finger zu wickeln, sondern ihn wie ein Jojo nach Belieben auf- und abschnellen zu lassen, entwickeln sie Tricks, die einer Waffe schon sehr nahekommen.

Allzu Altbewährtes finden Sie in diesem Kapitel nicht. Über die Träne, die herzergreifend aus dem Auge tropft, wenn er das Fußballendspiel im Fernsehen sehen möchte, während sie so schrecklich gern mit ihm zur Theaterpremiere gehen würde, wird hier kein Wort verloren. Auch vorwurfsvolle Schmollmünder, Migräne zur falschen Zeit und »Bitte, wenn es dir egal ist, daß deine Frau in Sack und Asche auf den Ball geht . . .« sind mir nicht der Erwähnung wert. Die konventionellen weiblichen Waffen sind mit den Jahrzehnten stumpf geworden, und gegen zu oft verabreichte Stiche entwickeln Männer eine sehr dicke Haut.

Die Frauen sind aber keineswegs hinter der Zeit zurückgeblieben. Sie lassen sich Neues einfallen und polieren Altes auf. »Die Waffen der Frau« könnten daher durchaus ein eigenes Buch füllen. Mit einigen Beispielen und Ausführungen möchte ich Ihnen an dieser Stelle nur ein Gefühl für die Möglichkeiten einer modernen Frau geben, Sie mit ihren Mitteln zu entwaffnen.

Entwaffnend kann schon der *Anblick* sein. Während eine Frau eher dazu neigt, bei der Sichtung eines attraktiven Herrn bereits gewisse Kalkulationen anzustellen und erste Schachzüge vorzubereiten, vergessen die meisten Männer beim Auftritt einer schönen, begehrenswerten Frau meist ihr Denkvermögen gänzlich und liefern sich ihren Annäherungsversuchen beinahe hilflos aus. Es ist eigentlich unnötig zu sagen, daß Frauen ihr Erscheinungsbild mit vielen kleinen Männerfallen spik-

Wenn ihr Anblick entwaffnet . . .

121

ken, die hier gar nicht eigens aufgezählt zu werden brauchen. Es ist ebenso komisch wie bezeichnend, daß es hauptsächlich Männer sind, die den Frauen alles in die Hände geben, was sie brauchen, um die Herren der Schöpfung zu blenden und zu umgarnen. Als legten sie sich die Fallen selbst, überschlagen sie sich im Erfinden verführerischer neuer Düfte, schmeichelnder Kosmetika, raffiniertester Accessoires und in höchstem Maße weiblichkeitsbetonender Modeschöpfungen.

Natürlich beruht es zu einem gewissen Teil sowohl auf der femininen Eitelkeit als auch auf dem weiblichen Bedürfnis nach Wohlbefinden, wenn die Frauen von diesen Waffenlieferungen herzlich gern Gebrauch machen, um allein sich selbst das Gefühl zu geben, eine gepflegte und gut ausgestattete Frau zu sein. Eine wenigstens ebenso wesentliche Rolle aber spielt die männliche Eitelkeit, denn vielen Männern ist es wichtig, sich mit einer attraktiven Frau zu schmücken, die seinen Status unterstreicht.

Das große und das kleine Schauspiel Nun können sich Frauen nicht nur durch ein blendendes Aussehen und attraktives Outfit ins rechte Licht rücken. Eine Frau mit mehr oder weniger ausgeprägten Schauspielkünsten (die denen des Mannes allemal überlegen sind), versteht es meisterhaft, sich bereits dann eine Hauptrolle auf den Leib zu schneidern, wenn sie erstmals dem Freundes- und Bekanntenkreis eines Mannes vorgestellt wird. Manche Frauen schaffen es ohne weiteres, daß man sie für die reizendste, bezauberndste und intelligenteste Frau hält, mit der sich der betreffende Mann je umgeben hat. Dieser bleibt als Opfer seines Stolzes auf der Strecke und wird von nun an kaum noch daran zweifeln, daß seine Neuentdeckung

122

tatsächlich die bezaubernde, unübertreffliche Schöne ist, wie ihm seine Freunde in den höchsten Lobestönen bestätigt haben.

Eine raffinierte Frau weiß eben, daß die meisten Männer Wert auf das Urteil ihnen nahestehender Menschen legen. Sie erkennt sehr schnell, wessen Urteil der Herr am meisten schätzt, und stellt sich sofort auf diese Person ein. Wenn es sich bei diesem wohlmeinenden Kritiker um eine Frau handelt, dann seien Sie gewiß, daß sich Ihre Neuentdeckung bei ihr die Position einer guten Freundin erschmeicheln oder es zumindest versuchen wird. Was dann passiert, wissen Sie doch: Haben Sie noch nie einem Freund Ihr Leid darüber geklagt, daß Ihre neue Flamme schon wieder mit Ihrer guten alten Freundin zusammensitzt? Ihre Herzdame möchte doch alles über Sie herausfinden, um gewappnet zu sein, und wie mühselig sich Männer Details über Person und Charakter entlocken lassen, wissen Sie selbst am besten.

Darum überlegen Sie mit aller gebotenen Vorsicht, wem Sie Ihre Freundin vorstellen. Durch raffinierte Fragen kann sie sogar Ihrer treu ergebenen Sekretärin einiges entlocken, und wenn sie auf einer Gesellschaft, die Sie gemeinsam besuchen, mit Ihrem Chef tanzt, wird sie bald in Ihnen lesen können wie der Boß in Ihrer Personalakte.

Auf der Suche nach Verbündeten

Diese Art des Umgarnens und Einschmeichelns wird nicht selten auch bei Familienangehörigen praktiziert. Väter sind auch nur Männer und den Waffen einer schönen jungen Frau besonders ausgeliefert, wenn sie ihn zu heimlicher Schwärmerei und verträumten Erinnerungen an seine eigene Jugend bringen kann. Mütter sehen andere Frauen eher als Konkurrentinnen um die Zuneigung ihres Sohnes. Schafft es Ihre neue Liebe aber, sich voll und ganz auf die Frau Mama einzustellen, ist Ihr Seelenheil doppelt bedroht. Neben den Kalibern Ihrer Herzdame kann auch eine Mutter ziemlich schwere weibliche Geschütze auffahren, um Ihre Verteidigung zu zermürben. Wenn sie diese Geschütze beiläufig abfeuert, klingen Ihnen die Ohren – und zwar es hört sich ganz nach Hochzeitsglocken an.

Haben Sie bereits Kinder aus einer früheren Partnerschaft, sind diese natürlich auch ein nicht zu unterschätzender Ansatzpunkt im Kampf um Ihre uneingeschränkte Zuneigung. Nun sind Kinder in diesem Zusammenhang ein relativ heikles Thema. Es wäre fast perfide, hier von Waffen oder Strategien zu sprechen. Lassen wir es an dieser Stelle also mit Andeutungen bewenden.

Das kann doch nicht wahr sein . . . Auf die Möglichkeit einer bestimmten, fast schon beschaulichen Begegnung möchte ich Ihr Augenmerk jedoch lenken, damit Sie nicht vergessen, was alles hinter weiblicher Harmlosigkeit lauern kann. Sie spazieren mit Ihrem Sprößling wie üblich durch den Park, treffen zu Ihrer Freude eine Ihrer Verehrerinnen und sehen zu Ihrer Überraschung auch an deren Hand ein Kind. Sie regt begeistert an, daß sich die beiden Kleinen, die ja beinahe gleichaltrig seien, doch bestimmt phantastisch miteinander beschäftigen könnten. Es herrscht eitel Sonnenschein, für Sie ist die Welt in Ordnung, und ich füge dem nur eines hinzu: Das Kind ist *ausgeliehen* . . .

Im Spielen von Spielchen sind raffinierte Frauen ganz groß. Wenn sie auf sich aufmerksam machen wollen, neigen sie oft zu bewußten Übertreibungen, die in regelrechten Etikettenschwindel ausarten können. Wer säße in einem Restaurant nicht lieber der Abteilungsleiterin eines Textilunternehmens gegenüber als einer einfachen Verkäuferin, einer Produktmanagerin lieber als einer gewöhnlichen Sachbearbeiterin? Begegnet ein Mann einem anderen, der behauptet, Art-director zu sein, vermutet er stets einen großspurigen Angeber, der aller Wahrscheinlichkeit nach nur Werbeassistent ist. Bei einer Frau ist das anders. Da viele Männer keine einfachgestrickten Dummchen mehr suchen, die ausschließlich über Bett, Mode, Heim und Herd zu plappern in der Lage sind, sondern Frauen mit Intellekt, die in ihrem eigenen Streben nach Einfluß und Erfolg durchaus mithalten können, hat dies wiederum etwas mit dem Stichwort »Statussymbol« zu tun. Was der Mann sucht, ist immer die Traumfrau, und wenn eine Frau versucht, diese Träume Wirklichkeit werden zu lassen, nimmt ein Mann gern widerspruchslos den Etikettenschwindel hin – und belügt sich damit selbst.

Apropos Lüge: Der dabei immer wieder gern eingesetzte »Können-diese-Augen-lügen?«-Effekt tut ein übriges und hat auf Männer immer noch die Wirkung einer Agentenwaffe, scheinbar harmlos und unverfänglich, im Ernstfall aber blitzschnell und tödlich.

Harmlos und unverdrossen

Ernüchterung geht meist Hand in Hand mit einem Kater, aber besser ist es, wenn *Sie* den Moment bestimmen, in dem herauskommt, daß Ihre Angebetete keine Kamerafrau ist, sondern nur Kameras verkauft. Wollen Sie definitiv wissen, mit wem Sie es zu tun haben, dann verkleistern Sie sich die Augen nicht vor lauter Begehren und Bewunderung, sondern lassen Sie aus Ihrer

»Vorsicht!«-Schublade ein ganz klein wenig gesundes
Mißtrauen heraus, hören Sie genau hin, was Ihre neue
Flamme Ihnen auftischt, und hinterfragen Sie rechtzeitig dieses rhetorische Blendwerk. Wenn eine Illusion
erst zerstört wird, nachdem sie vollständig aufgebaut
wurde, bleibt ebensoviel übrig, als wenn eine Seifen-
blase zerplatzt. Und das könnte schade sein.

Das Heimspiel Der Zauber mit Illusionen, den eine Frau in ihrer eigenen Wohnung treibt, wenn ein Mann zu Besuch
kommt, gleicht dem Bau Potemkinscher Dörfer.

Da stehen beispielsweise sorgfältig dekoriert und nicht
zu übersehen wunderschöne Rosensträuße herum: Das
verborgene Stilett kommt zum Einsatz. Sie kennen diesen kleinen Stich im Herzen, wenn Sie sich unwillkürlich fragen, welcher Kontrahent da seine Hände im
Spiel haben könnte. Liegen Sie wenig später in den
Armen Ihrer Liebsten, wird Ihnen schnell klar, daß sie
sich die Blumen selbst gekauft haben muß und daß es
keinen anderen geben kann. Kaum kehrt sie Ihnen aber
den Rücken zu, schiebt er sich wie eine dunkle Wolke
über Ihr Gemüt, dieser Gedanke an »den anderen«.
Gibt es ihn, oder gibt es ihn nicht? Sie bemühen sich den
ganzen Abend lang, der galanteste und aufmerksamste
Liebhaber zu sein, besser als jeder andere, der auf die
Idee kommen könnte, Ihrer Dame Blumen zu schicken
– und diese Dame ist so zufrieden mit Ihrer Hingebung
wie eine Katze, die die Maus verschlingt.

Unnötig zu sagen, daß sie die Rosen in der Tat selbst
gekauft hat.

Ein anderes Wechselbad der Gefühle, das einen
Mann ebenfalls zu Höchstleistungen anspornen kann,

bereitet ihm die raffinierte Frau im Teamwork mit ihrer Freundin. Zwei gegen einen ist unfair, denkt der Mann, der dahinterkommt, klammert sich an die längst verblichenen Ideale männlichen Sportsgeistes und sieht vor seinem geistigen Auge zwei Shakespeare-Hexen auf sturmumtobten Höhen einen Zaubertrank mischen.

Dabei ist es doch so profan. Sie sind bei ihr zu Gast, und alle Vorzeichen deuten auf einen wunderbaren Abend hin – bis zu dem Moment, da das Telefon zum ersten Mal klingelt. Und das wiederholt sich nun den ganzen Abend lang, nicht alle zehn Minuten, aber mit irritierender Häufigkeit. Der einzige, der sich gestört fühlt, sind allerdings Sie. Anfangs wundern Sie sich nur über das gewaltige Interesse anderer Personen an Ihrer reizenden Gastgeberin, dann aber schleicht er sich wieder an, dieser Gedanke an »den anderen«. Oder sogar an »die anderen«? Ihre Herzdame geht natürlich nicht an den Apparat; sie wolle sich schließlich nur Ihnen und dem gemeinsamen Abend widmen, sagt sie. Wären Sie nicht leicht verwirrt, würde Ihnen auffallen, daß die Reaktionen Ihrer Dame auf diese »lästigen« Anrufe reinste Koketterie sind. Denn irgendwo in der Stadt hat eine junge Frau an diesem Abend nichts anderes zu tun, als alle halbe Stunde die Nummer Ihres Herzblatts zu wählen, und sie tut ihrer besten Freundin diesen kleinen Gefallen gern.

Das »Abnehmen« ist auch in anderer Hinsicht ein interessanter Ansatz. Ganz unauffällig nehmen geschickte Frauen ihren Männern nach und nach lästige kleine Alltäglichkeiten ab. Das beginnt mit der Besorgung seiner Lieblingszeitschriften und der Theaterkarten bis hin zur Erledigung der Einkäufe für einen Abend zu

Zu zweit, doch nicht allein

zweit. Ohne sich je zum Packesel zu machen, dosieren die Damen diese Akte des Verwöhnens in feinen Portionen. Nun mögen Sie das als entgegenkommende Gesten und Selbstverständlichkeiten bezeichnen, die auf Gegenseitigkeit beruhen. Manche Frau aber hat einen Mann damit schon bis zur Überzeugung »Was wäre ich bloß ohne dich« gebracht. Und dieses Geständnis klingt in ihren Ohren wie das Zuschnappen der Mausefalle.

Mit allen Mitteln   Diese schleichende Einmischung findet aber auch auf anderer Ebene statt. Frauen ist im allgemeinen jedes Mittel recht, um Aufsehen unter den Männern und das Interesse des »einen« im speziellen zu erregen. Sie heulen auch mit den Wölfen, wenn es sein muß, und betreten forschen Mutes maskuline Bastionen, indem sie sich für typisch männliche Hobbys interessieren. Da weiß Ihre Dame plötzlich, warum der Ansaugfilterstutzen Ihres geliebten 1935er Aston Martin Ulsters leckt, nimmt neben Ihnen auf der Tribüne eine klare Fehlentscheidung des Schiedsrichters ebenso fachkundig wie kundig fluchend auseinander oder stellt Ihnen eines Tages den Feuerwehrhelm aus Chicago auf den Tisch, der Ihrer Sammlung immer gefehlt hat. Das Interesse löst sich spätestens dann in Luft und Wohlgefallen auf, wenn die Frau den Mann so nähergelockt hat und er ihre wahren weiblichen Vorzüge entdecken durfte.

Und ewig lockt das Weib auch im Schlafzimmer. Die geheimen Waffen einer Frau, die sie hier zum Einsatz bringt, sollen aber ein verlockendes Geheimnis bleiben. Finden Sie es selbst heraus!

Kapitel 14

Die richtigen Ausreden –
Frauen wollen belogen werden

Wer hat eigentlich die Mär von Lippenstiftspuren auf der Männerwange als Auslöser größter Mißverständnisse und tagelanger Ehekräche erfunden? Die Antwort haben wir schon unzählige Male über Leinwand und Bildschirm flimmern gesehen: In der Phantasie von Hollywoods Komödienregisseuren entdeckt die Ehefrau im Gesicht ihres bis dato untadeligen Gatten die Reste eines nachlässig abgewischten Lippenstiftabdrucks, woraufhin der Ertappte in fabulierendes Gestammel ausbricht. Sie verursacht auf der Stelle einen handtellergroßen roten Fleck auf seiner anderen Wange und zerschlägt, wann immer er ihr in den folgenden Tagen über den Weg läuft, wortlos und wütend ein Stück Geschirr auf seinem Kopf.

Möglicherweise übertragen jene Filmautoren das eigene triste Dasein in ihre Drehbücher, doch in der Realität spielt sich die Szene meistens anders ab: Die Frau setzt einen Blick auf, dem nur eine fuchsteufelswilde Eruption folgen kann, aber der Mann ist schneller. Cool bis ins Mark erwähnt er nebenbei, er habe seine Großmutter in der Stadt getroffen, deren Abschiedsküsse ebenso liebevoll seien wie ihr Lippenstift hartnäckig. Beiläufig, aber blitzschnell und nachhaltig wischt er sich die verdächtigen Spuren aus dem Gesicht. Und was passiert? Nichts! Die Frau, die eben noch kurz

davor stand, den Mann durch Zuschnüren seiner Krawatte ins vermeintlich wohlverdiente Jenseits zu beför-
dern, freut sich, daß Großmama und Enkel ein so
rührendes Verhältnis zueinander haben. Der blutigrote
Gedanke, daß ihn offenbar vor gar nicht langer Zeit
eine ganz andere geküßt haben könnte, existiert einfach
nicht mehr. Die Frau *glaubt* lieber an den Lippenstift
der Großmutter als zu wissen, daß es der einer Neben-
buhlerin war.

Wohltuende Unwahrheiten

Lüge ist ein hartes Wort, aber in jedem Synonymlexi-
kon können Sie den Weg von *Lüge* über *Schwindelei*
und *Ausflucht* bis hin zu *Ausrede* verfolgen, und durch
letzteres wollen wir das Wort *Lüge* in diesem Kapitel
ersetzen, denn es geht nicht um arglistige Täuschungen
oder vorsätzlich böswillige Unwahrheiten.

Welchen großen Gefallen uns der Schöpfer des Wor-
tes »Ausrede« getan hat, wird durch einen typischen
Dialog deutlich:

Sie (wütend): »Du hast mich angelogen!«

Er (lammfromm): »Niemals würde ich dich belügen!
Ich habe nur eine Ausrede benutzt, um dich nicht zu
verletzen!«

Darum geht es: Ausreden dienen dem Schutz der
einen oder anderen Person, beziehungsweise der einen
und der anderen, wenn das Spielchen von zweien gespielt
wird – dem, der sich mit einer Ausrede vor den Folgen
der Wahrheit schützt, und dem, der diese Ausrede akzeptiert, um die Wahrheit nicht erkennen zu müssen. Um es
weniger dramatisch auszudrücken: Ausreden erleichtern
den Alltag und stimmen Menschen versöhnlich.

Das betrifft vor allem die Frauen, die der Wahrheit im
allgemeinen nicht so realistisch gegenüberstehen wie die

130

Vertreter des sogenannten starken Geschlechts. Wenn es darum geht, sich reinen Wein einschenken zu lassen, scheinen die Männer tatsächlich die stärkeren zu sein. Das hat mit dem zu tun, was ein deutscher Rockbarde in seinem Klassiker über die »Männer« so formuliert: »Männer müssen durch jede Wand, müssen immer weiter.« Frauen sind im allgemeinen eher dazu geneigt, die Wahrheit zu verdrängen, vor der Wand kurz stehenzubleiben, um lieber eine andere Richtung einzuschlagen, in der kein Hindernis im Wege steht. Dazu klingt uns wiederum ein Hit im Ohr, der Song einer britischen Band, die seit zwanzig Jahren Popgeschichte schreibt: »Tell me lies, tell me sweet little lies . . .«

Sicher gibt es auch Ausnahmen, aber Sie werden bestimmt schon oft festgestellt haben, daß sich eine Frau relativ schnell selbst mit solchen Ausreden zufriedengegeben hat, die nicht unbedingt zu den scharfsinnigsten Produkten Ihrer Phantasie zählten. Vor einem seien Sie beim Großeinsatz von Ausreden und Notlügen allerdings grundsätzlich gewarnt: Sollte die Wahrheit wie auch immer ans Licht kommen, werden Sie mit an Sicherheit grenzender Wahrscheinlichkeit die fürchterliche Rache einer Frau kennenlernen. Ich danke den gebrannten Kindern unter Ihnen, die mir stumm und beifällig zunicken.

Nun werde ich Ihnen keinen Katalog der besten Ausreden für die pikantesten Situationen bieten, um Sie nicht in die Versuchung zu führen, daß Sie sich mit stereotypen Sprüchen jedem Notfall gegenüber gewappnet fühlen. Es wäre eine recht trügerische Sicherheit. Zwar gibt es eine ganze Reihe von Ausreden-Sammlungen für alle möglichen Fälle. Sie sind jedoch eher als Jux denn

Vorsicht vor Rache

als ernsthafte Anhaltspunkte gedacht, und ihre Lektüre ist höchstens denjenigen zu empfehlen, die Probleme generell auf die leichte Schulter nehmen. Oder glauben Sie wirklich, Sie könnten die einstündige Verspätung, mit der Sie zu einem Date erscheinen, damit begründen, daß Ihr Papagei in Ohnmacht gefallen war und Sie ihn erst wieder aufpäppeln mußten?

Vielmehr geht es mir bei den folgenden Tips und Beispielen um Standardsituationen, in die viele Männer immer wieder hineingeraten, ohne zu wissen, wie sie ehrenvoll wieder herausfinden.

Sie wollen allein sein Eine dieser Situationen kennen Sie mit Sicherheit. Da haben Sie sich eine ganze Woche oder länger ausschließlich um zwei Dinge gekümmert: um Ihre Arbeit und Ihre Freundin. Kaum waren Sie zu Hause, wurden Sie sofort in Beschlag genommen, durften mit ihr ausgehen, Bekannte besuchen oder die traute Zweisamkeit in den vier Wänden genießen. Nur für sich selbst hatten Sie keine Minute Zeit. Unweigerlich kommt der Tag, an dem Sie einfach einmal allein sein und ohne Konzept in Ihrer Wohnung tun und lassen möchten, was Sie wollen. Sie wissen aber auch, daß Sie Ihrer Freundin nicht einfach die Wahrheit sagen dürfen, weil sie, wie die meisten Frauen, eingeschnappt wäre. Mehr noch: Sie fürchten sich vor den Waffen der Frau, denen Sie nichts entgegenzusetzen hätten. »Du liebst mich nicht mehr« oder »Wenn ich anfange, dir auf die Nerven zu gehen, brauchst du es nur zu sagen!« oder ein sinnlich-erotisierender Körpereinsatz sind beliebte Fallen, in die *mann* wehrlos hineintappt.

Das hört jede gern Erklären Sie jedoch Ihre Partnerin selbst zum Anlaß für Ihren Rückzug, der ja nur einen Abend währen soll, und sie wird Sie besten Gewissens alleinlassen. Sagen Sie ihr zum Beispiel, daß Sie ihre Lieblingsmusik für sie zusammenstellen und aufnehmen möchten. Dazu hätten Sie gern uneingeschränkte Ruhe, in der Sie nicht zuletzt von dem Abend zu zweit träumen möchten, an dem Sie sich gemeinsam das Band anhören würden. Vergessen Sie nicht, daß Sie sich dafür natürlich so viel Mühe geben wollen, daß Sie bis in die Nacht hinein damit beschäftigt sind, damit Sie Ihre Freundin auch von einem Besuch zu späterer Stunde abhalten.

Nun wird die Dame natürlich auf die Ergebnisse Ihrer Bemühungen neugierig sein, aber dem können Sie ohne viel Aufwand entsprechen: Sie haben sich einen Sampler mit den fünfzig besten Popsongs der letzten Jahre oder mit den klassischen Opernchören gekauft und sie ohne Mühe ganz nebenbei überspielt. Dieses Band lassen Sie dann beim nächsten Zusammensein im Hintergrund laufen.

Sie könnten Ihre Freundin auch davon überzeugen, daß Sie einen ganzen Tag die Geschäfte durchstöbern möchten, um eine wirklich passende Überraschung für sie zu besorgen. Dieser Wege dürfen Männer gern allein ziehen. Sie haben natürlich vorgesorgt und das Seidentuch bereits einen Tag zuvor in der Mittagspause gekauft. Und während Ihre Partnerin von dem vorfreudigen Gedanken erfüllt ist, wie Sie von Pontius zu Pilatus marschieren, um das Richtige für sie zu finden, liegen Sie faul auf der Couch und sehen sich endlich die Aufzeichnung des letzten Golfturniers an.

Seidentücher und . . .

Auch interne Angelegenheiten Ihrer Familie bieten Stoff für seriös klingende Ausreden und geben Gründe ab, die Ihre Freundin in keinem Fall persönlich nehmen

. . . entfernte Vettern

kann. Schieben Sie zum Beispiel den Besuch eines engen männlichen Verwandten vor, mit dem Sie dringend über Familiäres sprechen müssen. Damit keine näheren Erklärungen von Ihnen gefordert werden, können Sie in Ihre Ausrede Stichworte wie »Erbpachtvertrag«, »Testament« oder »Tante Klaras Alkoholproblem« einstreuen, die Ernst und Wichtigkeit der Zusammenkunft untermauern.

Den Besuch einer weiblichen Verwandten vorzuschieben, könnte gefährlich werden – auf eine »Cousine« sind viele Frauen auf höchst mißtrauische Weise so neugierig, daß sie trotz der Bitte, nicht zu stören, garantiert irgendeine Kleinigkeit finden werden, wegen der sie für eine »klitzekleine« Minute bei Ihnen vorbeischauen müssen.

So ein Familienbesuch kann sich durchaus über zwei oder noch mehr Tage hinziehen, aber Sie brauchen schon eine gewisse Kaltblütigkeit, wenn Sie die Show länger als einen Abend inszenieren wollen. Spätestens am dritten Tag wird es Ihre Freundin nicht mehr aushalten und Ihren Besuch unbedingt kennenlernen wollen. Zum Glück ist er dann »gerade abgereist«.

Spontane Alibis   Ein guter Freund erweist sich in Notfällen und bei der Konstruktion eines Alibis stets als hilfreich. Vielleicht möchten Sie am Abend noch einmal das Haus verlassen, Ihre Partnerin aber nicht vor den Kopf stoßen. Und für Singles: Vielleicht gibt es Abende, an denen Sie Damenbesuch empfangen, ihn aber nicht über Gebühr bei sich beherbergen möchten. In beiden Fällen können das Telefon und ein abgesprochener Anruf Ihres Freundes helfen. Sie geben das eine oder andere »Ja« und »Nein« von sich, Ihre Miene drückt deutlich aus, daß es Ihnen momentan eigentlich überhaupt nicht paßt, Sie knallen den Hörer verärgert auf die Gabel und greifen seufzend zum Mantel. Was geschehen ist? Der Chef sitzt wie üblich noch im Büro und findet weder den Tresorschlüssel noch die Verträge, die er am folgenden Tag in aller Frühe braucht. Oder Ihr bester Freund ist auswärts mit dem Wagen liegengeblieben; Sie hätten es ihm schon immer prophezeit, aber er wollte Ihnen ja nie glauben . . .

Etwas komplizierter wird es allerdings, wenn Ihnen spontan in den Kopf kommt, das Haus kurzfristig zu verlassen. Dann müssen Sie schon sehr vorsichtig sein und einen unbeobachteten Moment abpassen, in dem Sie Ihren Freund telefonisch bitten, Sie sofort zurückzurufen. Sollte Ihre Frau oder Freundin dieses Gespräch zufällig belauschen, wird sie die Komödie, die Sie ihr wenig später vorspielen, mit dem Ausdruck größten Verständnisses hinnehmen. Wundern dürfen Sie sich dann aber nicht, wenn Sie nach der Rückkehr von Ihrer kleinen Flucht die Wohnung verwaist und einen Zettel auf dem Tisch finden: »Annes Mann mußte trotz der späten Stunde plötzlich auch noch mal ins Büro. Bin mit der armen Anne unterwegs durch die Bars. Komme zurück, wenn Ostern und Weihnachten auf einen Tag fallen.«

Für Fortgeschrittene

Manchmal haben Männer etwas an sich, was da nicht hingehört. Und Frauen entdecken es sofort. In diesen Dingen sind Männer, vom Glück eines Seitensprunges beseelt, scheußlich nachlässig – und anschließend so erstaunt wie Schuljungen, wenn sie feststellen müssen, daß die Betrogene Augen wie ein Falke hat. Lippenstiftspuren sind solche Indizien, aber natürlich auch der

Durch Nachlässigkeit ertappt

135

Hauch eines fremden Parfüms. Der Mann nimmt ihn kaum noch wahr; er ist für ihn eher der Hauch einer Erinnerung. Seine Frau/Freundin/Partnerin ist in dieser Hinsicht jedoch mit dem angeborenen Geruchssinn einer Jagdhündin ausgestattet.

Mit der Ausrede, Sie hätten sich in einer Parfümerie aufgehalten und sich dort verschiedene Düfte präsentieren lassen, können Sie nur dann die volle Punktzahl erreichen, wenn Sie Ihrer Frau oder Partnerin ein Fläschchen mit dem Duft, der Sie in letzten Nuancen umgibt, als Geschenk mitgebracht haben. Eine Frau macht sonst gern eine Gleichung mit Unbekannten auf: Wenn er sich in einer Parfümerie mehrere Damenparfüms hat vorstellen lassen und der Grund dafür nicht der war, das passende für mich auszuwählen und mitzubringen, für wen hat er es dann getan?

In flagranti
mit der Tante
Wenn der fremde Duft tatsächlich von einer anderen Frau stammt, mit der Sie ein Verhältnis haben, bereiten Sie sich rechtzeitig auf den immerhin möglichen Fall vor, daß Ihre Frau die andere nicht nur erschnuppert, sondern auch erspäht. Ich spreche hier nicht vom Ertappen in flagranti bei eindeutigen Situationen oder Positionen. Die einzige Ausrede, die Ihnen dann noch hilft, wäre die, daß Sie sich sowieso gerade trennen wollten. Es geht vielmehr um die alltäglichen Zufälle, die Ihnen leicht ein Bein stellen können: Ihre Frau sieht Sie mit Ihrem Verhältnis beim Bummeln, beim Mittagessen oder sonstwo in der Öffentlichkeit.

Es ist in solchen Fällen immer von Vorteil, einer großen Familie anzugehören; weitverstreute weibliche Verwandtschaft kann man nicht reichlich genug haben. Neben hübschen Familienmitgliedern gibt es selbstverständlich auch hübsche »Geschäftspartnerinnen«, mit denen man Wichtiges bekanntlich beim Essen bespricht. Ihre Ausrede zieht natürlich nur, wenn Ihr Verhältnis in der Lage ist, spontan mitzuspielen.

Eine der Grundregeln für eine hieb- und stichfeste Ausrede ist also, immer einen Schritt weiter zu denken und zur Not ein ganzes Alibi griffbereit zu haben. Ferner ist es wichtig, Ausreden so zu formulieren, daß sie nicht zu einer sofortigen Überprüfung einladen oder eine solche gar nicht möglich ist. Erinnern Sie sich an den Herrn, der mit der lapidaren Bemerkung über die Begegnung mit seiner Großmama den fremden Lippenstift von der Wange wischte, bevor seine Frau auf schlechtere Gedanken kommen konnte.

Der dritte Punkt ist die Glaubwürdigkeit Ihrer Ausrede. Wer als Grund für sein Nichterscheinen zu einer Verabredung angibt, er sei als Zeuge der Verhaftung eines weltweit gesuchten Bankräubers verhört worden, darf das nur tun, wenn es tatsächlich so war oder er sich mit einem indiskutablen Dummchen verabredet hatte. Legen Sie bei Ihrer Ausrede vor allem die passende Gesichtsmaske auf. Dazu gehört schon ein bißchen Schauspielkunst, in der ich Sie hier leider nicht unterrichten kann – was übrigens keine Ausrede ist.

Kapitel 15

Von den Frauen begehrt –
der praktische Mann

»Große Prahler, kleine Tuer« lautet ein altes, gleichwohl
zeitloses toskanisches Sprichwort, das immer noch seinen Wert hat. Frauen wollen heute keine Männer mehr,
mit denen sie sich nur über intellektuelle und schöngei-
stige Themen unterhalten können und die versagen,
wenn es ums Zupacken und um das Know-how im
Alltag geht. Sie lieben es, praktisch veranlagte Männer
an ihrer Seite zu haben. Wer handwerklich nicht auf die
Nase gefallen ist und die zu Unrecht oft belächelte
Kunst des »Do-it-yourself« beherrscht, macht jedenfalls
einen kaum glaublichen Eindruck auf Frauen.

Natürlich darf das praktische Denken eines Mannes
nicht so weit gehen, daß dabei andere Tugenden, die
sich eine Frau von ihm wünscht, auf der Strecke bleiben. Was wäre das für ein Mann, der sich angesichts der
Kerzen, die eine Frau anzündet, um romantischen Zauber in die Zweisamkeit zu bringen, lediglich überlegt,
was man mit der kleinen Energiemenge, die da verpufft,
eigentlich alles bewerkstelligen könnte . . .

Versetzen Sie sich einmal in folgende Lage und testen
Sie sich selbst: Sie sind von einer Dame zu ihr nach
Hause eingeladen, haben sich mit entsprechender Sorg-
falt vorbereitet und sich dafür auch eine ganze Menge
Zeit genommen. Dem Anlaß entsprechend perfekt ge-
kleidet, wohlriechend und bereit, alle Register Ihres

138

Charmes zu ziehen, erscheinen Sie zum verabredeten Zeitpunkt an der Haustür der Dame, die Sie mit einem freundlich-erwartungsvollen Blick hereinbittet. Die Erwartung richtet sich vorerst aber auf etwas, womit Sie nicht gerechnet hatten: Ihre Gastgeberin ersucht Sie freundlich, sich einstweilen um den Kamin zu kümmern, während sie noch ein paar letzte Vorbereitungen für den Abend abschließen möchte. Da stehen Sie also in Ihrem besten Outfit vor dem Kamin und sollen ohne Anzünder oder ähnliche Hilfsmittel ein vernünftiges Feuer darin entzünden – können Sie es, oder können Sie es nicht?

Die Herren, für die sich hier die Frage stellt, ob sie es überhaupt tun *wollten*, weil man sich dabei schließlich schmutzig machen kann, scheiden an dieser Stelle aus. Auch diejenigen, die die Frage unter der Bedingung bejahen, daß es sich um einen elektrischen Kamin handelt, bei dem man lediglich einen Schalter umlegen muß, werden an dieser Stelle hinauskomplimentiert. Alle anderen, das peinliche Bild eines hilflos mit Zündhölzern und Holzscheiten hantierenden Tölpels vor Augen, den sie unter keinen Umständen persönlich kennen wollen, beantworten die Frage ebenso mit »ja« wie diejenigen, vor deren geistigem Auge die Frau selbst den Kamin entzündet und sich bereits überlegt, mit welchen zauberhaften Bemerkungen sie den unfähigen Dandy, der ihr untätig zuschaut, rasch wieder los wird.

In die Verlegenheit, Holz in einem Kamin fachgerecht in Brand zu setzen, werden Sie wahrscheinlich nicht alle Tage kommen. Es gibt aber genug andere Kleinigkeiten, um deren Erledigung oder Behebung eine Dame Sie bitten könnte, ob bei ihr zu Hause oder außerhalb. Sie sollten schon eine gewisse Grundgeschicklichkeit mitbringen, andererseits aber auch nicht großspurig Dinge in Angriff nehmen, deren Behandlung oder Beseitigung eher einem Fachmann zustünden.

Die Essentials Die Fähigkeit, einen Nagel in die Wand zu schlagen, ohne sich dabei die Finger zu verletzen, dürfte von jedem zu erwarten sein. Mit einem Sicherungskasten sollten Sie sich ebenfalls auskennen, da Sie hoffentlich auch nicht jedesmal gleich den Elektriker-Notdienst alarmieren, wenn bei Ihnen zu Hause einmal eine Sicherung durchbrennt. Wein- und Champagnerflaschen können Sie öffnen, ohne dabei so das Gesicht zu verzerren, daß man fürchten muß, es sei Vollmond und Sie entwickeln sich gerade zum Werwolf. Die Beispiele reichen von verklemmten Reißverschlüssen und quietschenden Türangeln über festgefahrene Dosenöffner und das Auswechseln von Glühbirnen bis zu Ölwechsel und nächtlichen Reifenpannen.

Natürlich machen Sie einen besonders guten Eindruck auf eine Frau, wenn Sie ihr auch bei größerem Aufwand zur Hand gehen können. Wer schwere Lasten in den fünften Stock tragen, einen Anrufbeantworter anschließen und einen Videorecorder programmieren kann, hat bei ihr einen ungeheuren Stein im Brett. Krempeln Sie die Ärmel aber nicht in Fällen hoch, die Ihnen über den Kopf wachsen könnten. Mit verdächtig schmorenden Kabeln, Wasserrohrbrüchen oder qualmenden Motoren sollte nur spaßen, wer damit umzugehen weiß. Ganz abgesehen davon, daß Sie sich bei solchen Gelegenheiten zum kompletten Idioten machen könnten, sollten Sie weder die Dame, die Sie beeindrukken wollen, noch sich selbst in Gefahr bringen. Keine

Frau wird herablassend die Stirn runzeln, wenn Sie ihr gestehen, daß es Fälle gibt, die für Sie wirklich eine Nummer zu groß sind. Sie sollten dann allerdings nicht gänzlich hilflos herumstehen, sondern zumindest wissen, wie man ein Branchenbuch benutzt.

Einen Fall, der sowohl mit männlichem Stolz als auch mit Praxisnähe und Zupacken zu tun hat, werden Sie hoffentlich nie selbst erleben – wenn auch die Vorzeichen für die Zukunft in dieser Hinsicht nicht besonders gutstehen. Es geht um die Geschichten, die Sie in der Zeitung gern übergehen, wenn darüber berichtet wird: Sie erleben beim Stadtbummel mit einer Dame mit, wie in unmittelbarer Nähe einer älteren Frau die Handtasche entrissen wird. Viele Männer kommen hier ins Grübeln. Ihnen stellt sich allen Ernstes die Frage, ob sie lieber weggucken und den Kerl laufenlassen sollen, statt ihn sich sofort zu schnappen.

Wer wie ein stolzer Gockel durch die Stadt rennt, um jedermann zu zeigen, daß er es sich leisten kann, maßgeschneiderte Anzüge zu tragen, und seine Courage demonstriert, indem er einen großen Bogen um schmutzige Baustellen macht, wird im beschriebenen Fall mit den Schultern zucken, die Straßenseite wechseln und ist hiermit vollständig disqualifiziert. Das neue Jackett ist das letzte, um das ein Mann Angst haben sollte, wenn er sich einen Handtaschendieb greift. Geht sie dabei in Fetzen, haben Sie zwar keine elegante Jacke mehr, dafür aber zwei uneingeschränkte Bewunderinnen: die Dame an Ihrer Seite und die Dame, der Sie ihre Handtasche zurückgeben. Und das ist den Einsatz doch mindestens wert – oder?

Wenn's ernst wird

141

Kapitel 16

Geiz oder Großzügigkeit –
das angemessene Trinkgeld

Die Trinkgeldfrage war schon immer problematisch, und es wird endlich Zeit, das abzustellen. Viele Männer hadern damit herum, als ob sie für eine oscarverdächtige Nebenrolle in einem Woody-Allen-Film probten. Eben noch die Selbstsicherheit in Person, finden sie ihren Verstand halbwegs abgebremst, wenn der Ober die Rechnung präsentiert. Wieviel soll ich ihm geben? Soll ich dem überhaupt etwas geben? Wird er mich für einen aufgeblasenen Snob oder einen mickerigen Knauser halten, und vor allem: Was wird meine Begleitung oder die übrige Gesellschaft am Tisch von mir denken? Kaledonischem Gedankengut nahestehende Zeitgenossen versteigen sich auch gern in die Idee, daß Dienstleistende statt des ewigen Mammons viel lieber einmal eine rein menschliche Geste zum Dank hätten; sie drükken dem Ober fest die Hand und schauen ihm tief in die Augen.

Nun könnten Sie vielleicht den Fall ausklammern, in dem Sie einen gastlichen Ort verlassen, den Sie wahrscheinlich Ihr Leben lang nicht mehr betreten werden. Nach dem Motto »Der Kellner-Mohr hat seine Schuldigkeit getan . . .« verzichten Sie auf ein Trinkgeld, gehen – und nach Ihnen die Sintflut. Vergessen Sie dabei aber nicht, wie oft sich die Regel, nach der man sich immer zweimal im Leben begegnet, schon bewahrheitet hat, und daß so mancher ein Gedächtnis hat wie ein Elefant.

Die essentielle Frage in bezug auf Trinkgelder lautet nicht »Wieviel?« und auch nicht, was Sie damit andeuten wollen. Die Frage ist vielmehr, was Sie mit einem Trinkgeld *erreichen* möchten. Von Ihrer Trinkgeldphilosophie kann es in hohem Maße abhängen, wie wohl Sie sich in einem Restaurant, einem Hotel, einer fremden Stadt fühlen werden. Daß Trinkgeld daneben natürlich eine Form von Dank und Dank Bestandteil höflichen Miteinanders ist, wird leider häufig von Dienstleistenden selbst unterminiert, die zynische Reaktionen auf ein empfangenes Trinkgeld einfach nicht unterdrücken können.

Ob Sie ein Trinkgeld nun als Geschenk oder Bezahlung, Bestechung oder aus dem Fenster geworfen bezeichnen wollen, Sie liegen mit alldem nicht ganz falsch, treffen aber auch nicht den Kern.

Grundsätzlich appellieren Sie mit einem Trinkgeld an den guten Willen einer Person, deren Dienste Sie beanspruchen. Mit guten Worten allein erreichen Sie heute überhaupt nichts mehr. Ohne ein Trinkgeld werden die Leistungen nur pflichtgemäß, ohne persönliches Interesse erbracht. Extras zahlen sich immer aus, denn Servicepersonal tut in der Regel nicht mehr, als man von ihm verlangt, wenn es nicht gewürdigt wird.

Bestechung kommt erst ins Spiel, wenn Sie einem Oberkellner, einem Hotelportier oder einem Zimmermädchen Beträge in der Höhe eines Monatsgehaltes zuschieben und dafür Dinge erwarten, die die Begünstigten erst nach Verdoppelung dieses Betrages für Sie erledigen würden.

Wann – wieviel – warum

Lassen Sie uns alle anderen Zuwendungen, die sich im herkömmlichen Rahmen eines Trinkgeldes bewegen, als »Douceur« bezeichnen. Dieses Wort drückt am besten die Besänftigung der Gegensätze, einen Ausgleich zwischen dem Gebenden und dem Empfangenden aus, und darum geht es nicht zuletzt.

Im Hotel Hotels gehobeneren Niveaus hängen ihren Service nicht an die große Glocke, und wer nicht weiß, wie sich guter Service noch verfeinern läßt, wird daran meist kaum etwas auszusetzen haben. Wenn Sie auf Reisen jedoch den *besseren* Service beanspruchen wollen, dann geizen Sie nicht mit den Douceurs. Verteilen Sie sie gleich bei der Ankunft oder im Laufe des ersten Tages Ihres Aufenthaltes. Damit schaffen Sie von vornherein eine Atmosphäre des guten Willens. Ob Sie in letzter Minute ein Hemd bügeln lassen können, obwohl noch fünfzig Hemden vor dem Ihren an der Reihe wären, ob Sie zum Frühstück ein exakt viereinhalb Minuten gekochtes Ei bekommen oder ob der Zimmerservice den eiskalten Champagner sofort und nicht erst eine Viertelstunde später bringt – Beispiele für Extraleistungen bei Extrazuwendungen gibt es viele.

Nun kann es natürlich sein, daß Sie in Hinsicht auf gebügelte Hemden rechtzeitig genug planen, die Konsistenz eines Frühstückeis nicht mit der Stoppuhr bemessen und sich statt des Zimmerservices auch mit der Minibar begnügen. Es gibt aber in jedem Hotel eine Person, um deren Gewogenheit Sie sich bemühen sollten: die graue Eminenz des Hauses, der Portier. Er ist mehr als alle anderen Beschäftigten des Hauses Anlaufstelle für Fragen und Beschwerden und kann mit Tips

144

und Informationen behilflich sein. Es ist nur eine Frage Ihres Trinkgeldes und der Art und Weise, wie Sie es ihm zukommen lassen, ob er Ihnen noch Karten für die eigentlich ausverkaufte Premiere oder einen Tisch im besten Restaurant besorgt, das normalerweise Wochen im voraus ausgebucht ist.

So ein Mann hat sein Ohr stets am Puls des Groß- Dem Portier
stadtgeschehens und kann Touristengruppen aus dem Fernen Osten mit Hinweisen auf die Sehenswürdig-keiten der Stadt ebenso dienen wie dem langjährigen Stammgast mit den aktuellsten Insidertips. Wenn Sie sich oft in anderen Städten aufhalten, ist es immer von Vorteil, den Portier eines der besten Häuser am Platz zu kennen, selbst wenn Sie nicht regelmäßig dort wohnen sollten. Seine guten Kontakte zu Konzerthallen, Thea-tern und Restaurants sind immer ein angemessenes Trinkgeld wert. Vor allem aber ist ein guter Portier einer der wenigen Menschen auf diesem Erdball, die tatsächlich diskret sind. Sollten Sie etwa Ihrer Sekretä-rin in dieser Hinsicht nicht unbedingt vertrauen, sind Sie bei einem Portier, mit dem Sie sich gutstehen, in »speziellen« Fragen am besten aufgehoben.

Auch außerhalb von Hotels und Gastronomie werden Hauspersonal
Sie in die Gelegenheit kommen, Trinkgelder zu vertei-len. Es muß keine Verlegenheit daraus werden, wenn Sie Gast in einem privaten Haushalt sind, in dem Haus-haltshilfen für Ihr Wohl sorgen, die vielleicht Ihr Zim-mer aufräumen, sich um Ihre Kleidung kümmern, Ih-nen den Frühstückstisch decken oder Besorgungen für Sie erledigen. Manche scheuen sich hier aus unerfind-lichen Gründen, Trinkgelder zu geben, obwohl zwi-

schen den Empfängern in einem Hotel und in einem Privathaus im Prinzip überhaupt kein Unterschied besteht. Sie müssen Ihr Douceur, das Sie selbstverständlich beim Abschied hinterlassen, ja nicht unbedingt unter den Augen des Hausherrn verteilen.

Größere Veranstaltungen in privaten Häusern oder Wohnungen werden häufig mit Hilfe von Hauspersonal durchgeführt. Auch hier brauchen Sie sich mit dem Gedanken, daß diese Personen sowieso für ihre Dienste entlohnt werden, nicht in falscher Zurückhaltung üben, wenn es um Trinkgelder geht. Stecken Sie dem Personal ruhig persönlich etwas zu; manchmal stehen auch Schalen oder Silberteller an der Garderobe bereit, die sich dafür eignen. Leider vergessen viele Gäste diese nette Geste, die auch von Wohlerzogenheit zeugt, nur allzu oft.

Im Ausland Im Ausland haben Trinkgelder einen noch höheren Stellenwert als hierzulande. Es dürfte niemand unter Ihnen sein, der nicht wüßte, daß die Trinkgeldfrage um so wichtiger genommen wird, je weiter südlich Sie sich befinden. Bestimmt kennen Sie auch jene sizilianischen Gepäckträger, die mit beiden Händen Ihre Koffer tragen und immer noch eine frei haben, stets leicht geöffnet. Allgegenwärtige, beharrliche Hände, immer bereit, beim ersten Knistern eines Geldscheines zuzuschnappen, kennzeichnet im Süden übrigens nicht nur das Hotel- und Gaststättenpersonal.

Verstehen Sie mich jedoch nicht falsch. Die Trinkgeldfrage in mediterranen Gefilden entzieht sich so gut wie jeder Kritik und allen Wertmaßstäben wie Verwerflichkeit und Schurkerei; sie ist dort fester Bestandteil des nationalen Charakters und mehr als anderswo Ausdruck einer Philosophie des Dienens und Bedientwerdens. Sie tun gut daran, wenn Sie das Spiel mitspielen und sich Ihre heitere Grundhaltung bewahren. Wer sich kleinkariert ärgert, überall Unverschämtheiten wittert und sich in der Trinkgeldfrage entsprechend störrisch zeigt, bekommt dafür im Gegenzug einen so konsequenten Dienst nach Vorschrift, daß er sich einsam und vernachlässigt fühlen wird.

Wer mit Trinkgeldern nicht spart, als müsse er davon noch die Heimreise bezahlen, dem wird für sein Geld allerdings auch einiges geboten. Beobachten Sie einmal, mit welcher Grandezza ein spanischer Kellner Ihren Obolus entgegennimmt. Hat Ihnen je ein Ober diesseits der Alpen mit blumigen Dankesworten das Gefühl vermittelt, als Kunde beliebter zu sein als ein König? Andererseits ist die Skala von Lob und Tadel auch nach unten weit offen, und mit wenigen blumigen Worten kann Ihnen eindrucksvoll demonstriert werden, zu welch temperamentvollen Äußerungen des Unmuts über schäbige Touristen man im Süden fähig ist.

Dank und Unmut

Etwas behäbiger, auf ihre Weise aber nicht weniger eindrucksvoll, drücken zum Beispiel Wiener Kaffeehauskellner ihre Zufriedenheit mit Trinkgeldern aus. Je großzügiger Ihr Douceur, desto großzügiger sind Rang und Titel, den sie Ihnen verleihen. Wer mit »Habe die Ehre, Herr Doktor« oder »Verbindlichen Dank, Herr Professor« zur Tür geleitet wird, hat die Nagelprobe bestanden.

Was soll man aber davon halten, wenn man fürstliche Trinkgelder verteilt und einem österreichische Kaffee-

Nicht nur ums Geld allein

147

hauskellner wider Erwarten keinen Ehrentitel verpassen, andalusische Ober jegliche Grandezza vermissen lassen und einheimische Bedienungen so wenig Mienenspiel zeigen, als hätten sie Beton in den Adern? Sie ahnen es inzwischen, wenn Sie es nicht schon längst wußten: Kellner, Ober und Hotelportiere sind gute Menschenkenner. Immerhin beobachten sie Menschen bei höchstpersönlichen Angelegenheiten wie der Nahrungsaufnahme und im Umgang mit Dienenden, was bei genauerem Hinsehen entlarvend sein kann. Sie können, mit anderen Worten, zumeist den Gentleman vom Parvenü unterscheiden und machen den Grad ihrer Hilfsbereitschaft und ihres Entgegenkommens oft eher davon abhängig, mit wem sie es zu tun haben, und weniger von der Höhe des Trinkgeldes. Die undurchdringliche Miene, mit der sie ein Trinkgeld entgegennehmen, verrät nur dem Kenner, was sich dahinter versteckt.

Es würde zu weit führen, Sie abschließend durch einen Trinkgeldkatalog zu leiten, in dem Sie internationale Sitten und ausländische Prozentsätze, Eventualitäten und Feinheiten sowie Interpretationen von Kellnermimik finden. Lernen Sie, Ihre Trinkgelder anzumessen, und geben Sie weder zuviel noch zu wenig.

Denken Sie jedoch immer daran, daß auch Frauen darauf achten, wie Sie mit dem Problem Trinkgeld umgehen, und daraus schließen, ob Sie zu den geizigen, unwissenden oder zu den großzügigen, weltgewandten Vertretern des männlichen Geschlechts gehören.

Sie armer Mann müssen eben an vieles denken, aber auch hier macht die Erfahrung den Meister.

Kapitel 17

Das Geheimnis der Visitenkarte

Wundern Sie sich nicht, wenn ich einer vermeintlichen Kleinigkeit wie der Visitenkarte ein ganzes Kapitel widme. Es gibt mehrere Gründe, warum ich es tue – mindestens zwei können Sie vor einem Fettnäpfchen bewahren, das Sie an dieser Stelle gar nicht vermutet hätten.

Den einen Grund illustriert ein relativ simpler Fall, der leider immer noch oft zu beobachten ist. Ein Herr ist auf Reisen, und sein Gesprächspartner verabschiedet ihn mit den Worten: »Lassen Sie mir doch einfach Ihre Visitenkarte hier – ich rufe Sie dann umgehend an, wenn Sie wieder zu Hause sind.« Das Gesicht des angesprochenen Herrn nimmt plötzlich leichte Röte an, und während er hochnotpeinlich so tun muß, als habe er dummerweise keine Visitenkarte dabei, weil die Druckerei geschlampt hat, sammeln sich feine Schweißperlen auf seiner gefurchten Stirn. Er krakelt seine Adresse und Telefonnummer auf einen abgerissenen Zettel, der garantiert nur wenig später zwischen anderen Notizzetteln in einer Ablage verschwindet – und zwar auf Nimmerwiedersehen.

Das kann *Ihnen* natürlich nicht passieren, weil Sie zu jeder Gelegenheit und selbst beim Arztbesuch Ihre Visitenkarten dabeihaben, denn man weiß ja nie, wem man in einem Wartezimmer begegnen kann. Recht so.

Über Ihre Geschäftskarte brauche ich Ihnen nicht viel zu sagen. Sie enthält mit Namen, Position, Firma und Anschrift alle Kurzinformationen, die man für die geschäftliche Kontaktaufnahme benötigt. Bei zwei Adressen findet sich die Firmenanschrift links, die private rechts. Geben Sie beide Adressen an, zeigen Sie damit, daß Sie in geschäftlichen Angelegenheiten auch außerhalb der Dienstzeiten privat ansprechbar sind. Ein Mensch mit Anstand wird davon jedoch nur in dringenden Fällen Gebrauch machen, denn Geschäfte erledigt man normalerweise während der Geschäftszeiten.

Das Verteilen von Visitenkarten ist eine Sache, das Entgegennehmen jedoch eine andere. Dabei kann es nämlich passieren, daß Ihnen ein Besucher seine Visitenkarte hinterlassen hat, bei deren näherer Betrachtung sich erste Vereisungen auf Ihren Gesichtszügen einstellen. Offenbar schätzt der Überreichende Sie ziemlich gering, denn er hat Ihnen eine scheinbar gebrauchte oder zumindest bekritzelte Karte gegeben, in deren Ecke Sie irgendwelche handschriftlichen Hieroglyphen entdecken. Sie finden das ungehörig und legen die Visitenkarte unter »ferner liefen« ab. Das ist Pech, denn die schiefen Runen sind zum Beispiel ein »p« und ein »f«, womit Ihnen der Überreichende in der Visitenkartensprache Glück wünschen möchte. Leider beherrschen Sie diese Sprache noch nicht, aber das wird sich mit diesem Kapitel ändern.

Die Sitte, bei Begegnungen persönliche Informationskarten zu verwenden, ist schon lange kein reiner Geschäftsusus mehr, sondern weltweit zu einer Selbstverständlichkeit geworden.

Vor allem auf Reisen und bei auswärtigen Besuchen, gleich, ob privater oder geschäftlicher Natur, sind sie das effizienteste Mittel, Namen und Anschrift, aber auch knappe Mitteilungen zu hinterlassen. Es hat sich eine internationale Visitenkartensprache entwickelt, die im Ausland, vor allem in romanischen Ländern, wesentlich stärker verbreitet ist als bei uns; aufgrund des beschränkten Raums, den eine Visitenkarte für Mitteilungen bietet, besteht sie aus Abkürzungen. Diese Kürzel sind hierzulande selbst für viele, die täglich mit Visitenkarten umgehen, wie die sieben Siegel eines geheimnisvollen Buches.

Damit Sie sofort wissen, was Ihnen jemand mit der sibyllinischen Nachricht »p.f.n.a.« sagen will, und entsprechend reagieren können, habe ich hier die gängigsten Mitteilungen für Sie entschlüsselt. Die offizielle Visitenkartensprache ist Französisch, und die Kürzel haben ihren Platz in der freien linken unteren Ecke der privaten Karte oder über dem Namen.

Im übrigen werden Visitenkarten mit handschriftlichen Mitteilungen natürlich nur verwendet, wenn eine persönliche Begegnung in diesem Moment nicht zustande kommt; eine Beerdigung beispielsweise, bei der die Trauergäste ihr Beileid per Überreichen ihrer Karten bezeugen, statt den Mund aufzumachen, wäre absurdes Theater.

p. c.   »Pour condoler« ist eine Kondolenzbezeugung.
p.p.p. »Pour prendre part« drückt ebenfalls Anteilnahme aus.
p. f.   Mit »pour féliciter« wünscht man jemandem Glück.

p. r.	»Pour remercier« ist ein Dank; wofür, sollte aus dem jeweiligen Anlaß hervorgehen, aus dem die Visitenkarte überreicht wurde.
p.f.n.a.	»Pour féliciter nouvel an« ist der Glückwunsch zum neuen Jahr. Sie bedanken sich dafür ebenfalls mit »p.f.n.a.« und nicht mit dem schlichten »p. r.«, denn auch sonst bedankt man sich nicht nur für gute Neujahrswünsche, sondern gibt sie ebenso zurück.
p.p.c.	»Pour prendre congé« bedeutet Abschied nehmen und wird in der Regel nicht beantwortet.
p. p.	Mit »pour présenter« möchte man jemanden vorstellen, jedoch nicht die eigene Person. Wenn Sie Kollegen, einen Freund oder das Kind eines Freundes einem anderen in einer fremden Stadt oder einer anderen Firma empfehlend ans Herz legen wollen, dann geben Sie der Person, die Sie jemandem vorstellen möchten, Ihre Visitenkarte mit dem Vermerk »p. p.« mit. Neben dieser Karte läßt die Person ihre eigene Visitenkarte zurück, allerdings ohne jeden Vermerk.

Den Vermerk »s.w.u.m.p.?« können Sie ruhigen Gewissens als schlechten Scherz auffassen – es sei denn, Sie bekommen die Karte von einer reizenden jungen Dame, die damit nicht mehr und nicht weniger ausdrücken möchte als »Sehen wir uns mal privat?«

Kapitel 18

Versuch macht klug – zu zweit auf Reisen

In vergangenen Zeiten bildete das Reisen eine willkommene und notwendige Abwechslung zum tagtäglichen Einerlei, was Wilhelm Busch so treffend mit »Schön ist es auch anderswo, und hier bin ich ja sowieso« beschreibt. Es hat noch niemandem geschadet, die Umgebung zu wechseln und aus den gewohnten vier Wänden herauszukommen – sei es für einen Wochenendtrip über den Kanal oder für eine sechswöchige Reise quer durch die andere Hälfte des Erdballs. Ihre Tapeten werden durch ständiges Anstarren nicht weniger eintönig – erst ein Wechsel gibt Ihnen und der Frau an Ihrer Seite die Möglichkeit, gemeinsam neue Erfahrungen und Eindrücke zu sammeln, durch die Sie Abstand zum Alltag gewinnen und die Ihnen nicht zuletzt helfen können, Ihr tägliches Leben mannigfaltiger zu gestalten. Geben Sie es nur zu: Sie könnten in diesem Moment schon gut und gerne wieder Ihre Koffer packen, um ein wenig in der Welt herumzuschnuppern, ob für sich allein, weil Sie neugierig oder aber völlig gestreßt sind, oder zu zweit, um endlich einmal ebenso ausgiebig wie ungestört mit Ihrer Partnerin zusammenzusein.

Nun können Sie natürlich ein typischer Workaholic sein, für den »Reisen« gleichbedeutend mit »Geschäftsreisen« ist und der sich an dieser Stelle bereits die Finger anfeuchtet, um bis zum nächsten Kapitel vorzublättern. Blättern Sie ruhig. Ihnen wird es wahrscheinlich ziemlich egal sein, mit welchem Gepäck Sie reisen – Hauptsache, der Aktenkoffer glänzt. Ihnen wird möglicherweise auch das Hotel gleichgültig sein, in dem Sie übernachten – Hauptsache, Sie können dort Ihren Geschäftsanzug bügeln lassen. Und es wird Ihnen vielleicht sogar schnuppe sein, ob Sie in Restaurants speisen, in denen es von Touristen nur so wimmelt – wenn Sie nur überhaupt etwas in den Magen bekommen. Wer so und nicht anders reist, darf wirklich weiterblättern, am besten gleich bis zum Ende dieses Buches.

Genuß zu zweit
Auch Vertreter der seltenen Gattung des Einzelurlaubers werden hier keine Tips finden, aber da ihre Reisen unter völlig individuellen Regeln stehen, werden sie das auch gar nicht wollen. Ich richte mich vielmehr an den, der Reisen mit »Genuß zu zweit« verbindet. Viele Männer ahnen gar nicht, wie viele Kleinigkeiten diesen Genuß schmälern können, und warum sollten Sie sich mit dem halben Vergnügen zufriedengeben, während die andere Hälfte von der undeutlichen Ahnung umnebelt bleibt, daß man es eigentlich hätte besser machen können. Nur wie?

Vorbereitung ist (fast) alles
Man kann es gar nicht oft genug wiederholen: Je mehr Zeit Sie sich für die richtige Vorbereitung nehmen, desto mehr Zeit haben Sie am Ziel Ihrer Reise, um sich deren eigentlichem Zweck zu widmen. Manche rennen dort den ganzen Tag herum, um Kleidung zu kaufen, weil sie nicht sorgfältig gepackt haben, um nach einem anderen Hotel zu suchen, weil sie bei dieser Auswahl auch nicht sorgfältiger waren, oder um sich nach wirklich guten Restaurants umzuschauen, weil ihnen überhaupt nicht eingefallen ist, daß man sich

selbst darum von zu Hause aus kümmern kann. Diese Typen sind ohnehin schon geschlaucht angekommen, weil sie bei der Anreise eher auf Superspartickets als auf Komfort geachtet haben. Was für einen Eindruck das alles auf Ihre Begleiterin macht, insbesondere, wenn Sie das erste Mal mit ihr verreisen, brauche ich Ihnen wohl kaum noch zu verraten.

Was Sie einpacken, bleibt Ihnen überlassen und hängt ganz von Ziel und Zweck Ihrer Reise ab. Achten Sie jedoch in jedem Fall auf die Qualität Ihrer Gepäckstücke. Nach Ihrem Reisegepäck werden Sie nicht allein vom Personal und den anderen Hotelgästen beurteilt. *Das Gepäck*

Oft genug sind gutgekleidete Männer zu beobachten, die mit katastrophalem Gepäck auf Reisen gehen. Überlassen Sie schreiend bunte Kunststoffreisetaschen den Teens, und kommen Sie um Gottes willen nicht auf den Gedanken, Ihren prallen Koffer mit alten Gürteln zusammenzuhalten. Bedenken Sie auch, wie Ihre Kleidung hinterher aussieht, wenn Sie sie in unangemessene Reisebehältnisse stopfen.

Vor allem aber: Das Gepäck ist Ihre Visitenkarte, an der man Sie auf Reisen mehr noch als an der Kleidung mißt.

Stichwort *Kleidung*: Es ist verständlich, daß Sie gern bequem reisen, falls Sie in der Freizeit unterwegs sind. Sie sollten es mit der bequemen Kleidung jedoch nicht übertreiben, besonders dann nicht, wenn Sie in weiblicher Begleitung reisen, und erst recht nicht, wenn Sie zum ersten Mal mit ihr unterwegs sind. Das heißt nicht, daß Sie Ihre Reise in Anzug und Krawatte antreten *Ihre Reisekleidung*

155

müssen, jedoch sollten Sie schon aus Respekt vor ihr auch nicht übertrieben sportlich in Erscheinung treten. Nie sollten Sie sich hinsichtlich Ihrer Reisekleidung den peinlichen Anstrich des Touristen geben, der sich schon bei der Anreise voll und ganz auf sein Ferienziel eingerichtet hat. Sonst sitzt Ihre Begleiterin sehr schnell im Nebenabteil und kennt Sie plötzlich nicht mehr.

Es kann auch passieren, daß sie sich bei der Stewardeß nach einem freien Platz in der ersten Klasse erkundigt und Sie ganz allein in der rappelvollen und engen Economy-class hocken läßt. Nichts gegen vergünstigte Tickets, aber sie sind und bleiben etwas für Massentouristen und jugendliche Reisetramps. Vor allem das Gefühl, zu ersteren zu gehören, sollten Sie der Frau, mit der Sie reisen, nicht unbedingt vermitteln. Sie werden ihr imponieren, wenn Sie so komfortabel wie möglich reisen, aber es hat nicht ausschließlich damit zu tun. Bequemes Reisen sorgt dafür, daß Ihre Begleiterin und Sie relaxed am Ziel ankommen, und Sie zeigen damit auch, daß Sie sich um ihr Wohlergehen kümmern.

Geld vor Ort Wenn Sie angekommen sind und Ihr Reiseort nicht in Deutschland liegt, kann leicht etwas fehlen, das bereits an Bahnhöfen, Flughäfen, in Taxen und Hotelhallen hilfreich ist – Geld in der Landeswährung. Gewisse Beträge für Taxifahrten, Gepäckträger und überhaupt für Trinkgelder sollten Sie schon vor der Ankunft eingetauscht haben. Oder möchten Sie sich am Wechselschalter im Flughafen erst in die lange Schlange einreihen, während Ihre Begleiterin in der allgemeinen Hektik warten muß und Sie gelangweilt beobachtet? Nun sind Sie also per Taxi unterwegs zu Ihrem Hotel.

Bevor wir uns diesem widmen, lassen Sie uns die Fahrt nutzen, um zwei Dinge anzusprechen, die Sie bei Ihren Vorbereitungen hoffentlich nicht vergessen haben.

Viele Männer beschäftigen sich heute schon aus Gründen der Bequemlichkeit leider recht wenig mit ihren Reisezielen. Das beginnt vor der Abfahrt und endet am Zielort unter Umständen im Fiasko.

Ich darf wohl davon ausgehen, daß Sie sich bei der Planung nicht ausschließlich auf Kataloge von Reiseveranstaltern verlassen, sondern in einer Ihrer Schreibtischschubladen oder im Bücherregal Material haben über die schönsten Hotels und empfehlenswertesten Restaurants der Welt oder daß Sie einen zuverlässigen Reisefachmann kennen, der Sie kompetent berät. Wenn nicht, kann ich Ihnen nur empfehlen, sich grundsätzlich mit Informationen einzudecken, damit Sie wissen, wo Ihre Begleiterin und Sie angemessen unterkommen und in fernen Metropolen nicht wie der Ochs vorm Berge stehen, wenn es darum geht, die Dame stilgerecht auszuführen.

Besagte Bequemlichkeit ist es auch, die bei vielen Männern zu jenem typischen Touristenverhalten führt, das eine moderne und anspruchsvolle Frau, die zum ersten Mal mit ihnen unterwegs ist, ganz bestimmt nicht sucht oder gar schätzt. Anstatt die Gelegenheit zu nutzen, sich um Land und Leute und vor allem um typische Restaurants und Bars zu kümmern, suchen die Herren Lokale auf, die allenfalls noch von Busreisenden frequentiert werden. Schon wenn dort nicht Deutsch oder wenigstens Englisch gesprochen wird, fühlen sie sich unwohl. Und die Dame an ihrer Seite

157

fragt sich, warum man nach Rom gereist ist, wenn man doch nur in Restaurants sitzt, die der Pizzeria zu Hause um die Ecke bis aufs Haar gleichen.

Und da wir gerade bei Landsleuten im Ausland sind: Tun Sie Ihrer Begleiterin, sich und den Einheimischen bitte den Gefallen, sich nicht wie ein typischer deutscher Massentourist zu benehmen. Im Ausland macht man sich nach wie vor über taktlose und schlecht erzogene Teutonen lustig, die meinen, daß die Regeln von Anstand, Sitte und Höflichkeit im Urlaub nicht mehr gelten. Natürlich darf man nicht alle Mitbürger über einen Kamm scheren; es gibt Nationen, die durchaus unbeliebter sind als die Deutschen, und wir sind nicht die einzigen, die sich manchmal danebenbenehmen. Aber eine über die Jahre verfestigte Meinung läßt sich nun einmal nur schwer revidieren.

Mittlerweile am Hotel angekommen, nähern wir uns damit auch dem wesentlichen Thema Unterkunft, das über Wohl und Wehe des gesamten Aufenthaltes entscheiden kann – ein Thema, das um so wichtiger wird, wenn Sie zu zweit sind.

Dauer der ersten Reise Sie verreisen das erste Mal mit einer Dame? Dann gestatten Sie mir noch einen dringenden Rat, bevor Sie Ihre reizende neue Freundin über irgendeine Schwelle tragen. Da haben Sie für Ihren ersten gemeinsamen Ausflug aus dem Alltag – voller Liebe, Begehren, Neugier oder aus sonst einem schönen Grund – eine ganze Woche gebucht und damit schon einen Fehler begangen, der möglicherweise verhängnisvolle Folgen haben kann. Sind Sie denn sicher, daß Sie es von morgens bis abends mit Ihrer Neuentdeckung aushalten, wenn Sie

158

sich bislang nur stundenweise und in längeren Abständen getroffen haben? Und sind Sie genauso sicher, daß die Dame Sie auf Tuchfühlung auch gut erträgt? Wenn man Tage und Nächte miteinander teilt, gibt es am anderen mehr zu entdecken als bei einem Stadtbummel oder einem gemeinsamen Abendessen. Ihre Angebetete könnte sich als launischer Mitmensch entpuppen. Sie könnte jeden Tag zum Friseur laufen und Sie stundenlang im Café warten lassen. Sie könnte dem Geist einheimischer Getränkespezialitäten mehr zugetan sein als dem Geist gemeinschaftlicher Unternehmungen.

Langer Rede kurzer Sinn: Bestreiten Sie zu zweit erst einmal ein Wochenende und nicht gleich eine ganze Woche oder mehr. Ein vermiestes Wochenende kann man verkraften, aber jeder weitere Tag wäre schlicht eine Verschwendung.

Inzwischen stehen Ihre Begleiterin und Sie auf dem Flur, auf dem sich Ihre Hotelzimmer befinden. Die Frage ist nun, ob Sie beide durch eine und dieselbe Zimmertür treten. Sind Sie Ihrer neuen Freundin bisher noch nicht allzu nahe oder näher gekommen, sollten Sie nicht so dreist sein und über ihren Kopf hinweg einfach ein Doppelzimmer reservieren. Wie der Name schon sagt, gehören dazu zwei, von denen der andere vorher zumindest gefragt sein will. Scheinen Ihnen zwei Einzelzimmer nun wiederum gar zu getrennt, dann gibt es in vielen Hotels immer noch den schönen Kompromiß zweier nebeneinanderliegender Zimmer mit Verbindungstür. Ob sie benutzt wird oder nicht, ist eine andere Sache und wird sich schon ergeben.

Es gibt natürlich Situationen, in denen von vornher-

Einzel- oder Doppelzimmer?

ein klar ist, daß es ein Doppelzimmer sein *muß*. Sie werden zweifellos über genügend Fingerspitzengefühl verfügen, um von Fall zu Fall die richtige Entscheidung zu treffen.

Qualität der Zimmer Was die Ausstattung der Räumlichkeiten betrifft, dürfen Sie bei der Vorbereitung Ihrer Reise übrigens nicht davon ausgehen, daß Sie automatisch erstklassige Zimmer mit allem Komfort bekommen, wenn Sie in einem First-class-Hotel buchen. Nicht jedes Hotel bietet in jedem Zimmer die gleiche gute Ausstattung. Vergewissern Sie sich bei der Buchung deshalb genau, welche Art Zimmer vorhanden sind, und wenn Sie das Gefühl haben, man würde Ihnen gern ein x-beliebiges Zimmer zuweisen wollen, dann sollten Sie dies nicht widerspruchslos hinnehmen.

Lassen Sie ihr Zeit . . . Nun möchte ich Sie nicht der Wege gehen lassen, die Sie sich für Ihre Reise zu zweit vorgenommen haben, ohne Sie daran zu erinnern, daß der erste Abend oft schon der entscheidende ist und darüber bestimmen kann, ob die Wege gradlinig oder im Zickzack verlaufen. Dazu gehört es nicht nur, daß Sie sich der unbedingt lohnenden Mühe unterziehen und bereits vor der Abreise ein adäquates Restaurant ausfindig gemacht haben, in dem der beste Tisch auf Ihren Namen reserviert ist. Dazu gehört es vor allem, der Dame Zeit zu lassen, wenn man im Hotel angekommen ist – Zeit, die sie braucht, um sich ein wenig auszuruhen und in Form zu bringen, wenn die Anreise lang und anstrengend war. Haben Sie Geduld; Sie selbst nutzen die Zeit ebenfalls für sich oder lassen sich vom Portier schon mal gastronomische Geheimtips verraten.

Ist der Zweck Ihrer Reise nur unter horizontalen

Gesichtspunkten zu sehen, wird der Room-Service eines jeden besseren Hotels sicher in der Lage sein, für Ihr leibliches Wohl zu sorgen, ohne daß Sie selbst das Zimmer verlassen müßten. Alle übrigen Abläufe, Inhalte und Ziele einer solchen Reise lassen sich kaum organisieren – jetzt sind *Sie* gefordert.

Wer sich nur im Bett fordern läßt, bräuchte im Grund das Hotel nicht zu verlassen. Letztendlich ließe sich der Ort, an dem Sie sich aufhalten, auch bequem durch das Fenster des Hotelzimmers betrachten, was überdies den Vorzug hätte, daß man sich weder anstrengenden Führungen, dem Verkehrslärm und Straßenstaub noch sonstigen Belästigungen aussetzen muß. Wenn Sie sich aber nicht die Mühe machen, Ihre Liebhaberin hin und wieder an die frische Luft zu begleiten, werden Sie allerbeste Gelegenheiten verpassen, ihre Interessen näher kennenzulernen und die Facetten ihrer Ansprüche zu erkunden.

Überlassen Sie die Zügel einmal ihr, und achten Sie auf die Prioritäten der Ziele, die sie ansteuert. Sie werden schnell feststellen, ob Ihre Freundin kulturell bewandert oder zumindest interessiert ist und welchen Bereichen aus Kunst und Kultur ihre besondere Aufmerksamkeit gilt. Oder zieht sie es vor, shopping zu gehen? Welche Art von Läden und Geschäften favorisiert sie?

> Beobachten Sie, wofür sie sich interessiert

Spielen Sie hierbei nicht den gelangweilten Begleiter, der nur zum Packesel taugt, sondern schauen Sie zu, wovon sie sich anziehen und fesseln läßt – Sie werden viele Details über den Geschmack ihrer Gefährtin erfahren, die im Hinblick auf spätere Geschenke von nicht zu unterschätzender Bedeutung für Sie sind. Sucht die Dame indes ebenso zielstrebig wie selbstverständlich die teuersten Couturiers auf, dann wissen Sie gleich, was Ihnen unter Umständen langfristig blüht.

Ihr Umgang mit Personal

Da Sie gerade beim Beobachten sind, wäre es nicht abwegig, wenn Sie Ihr Augenmerk auch einmal darauf richteten, wie Ihre Begleiterin mit Personal, vor allem mit dem Hotelpersonal umgeht. Wes Geistes Kind sie ist, können Sie etwa erkennen, wenn sie Anweisungen oder Bitten im Befehlston äußert, und das auch noch auf unhöfliche Art.

Busineßreise in weiblicher Begleitung

Verbinden Sie Ihre Reise mit einem Busineßbesuch, ist es nur in höchst seltenen Einzelfällen angebracht, Ihre Begleitung auch zu Ihrem Geschäftstermin mitzunehmen. Sie sollte eigentlich in der Lage sein, sich während Ihrer beruflichen Verabredungen allein zu beschäftigen. Sollte sie einen etwas verlorenen Eindruck machen, wenn Sie sich für einige Zeit verabschieden, so können Sie Ihr natürlich mit ein paar Tips über Sehenswürdigkeiten und Lokale behilflich sein.

Wenn Sie keine feste Bindung zu der Dame unterhalten, ersparen Sie sich bitte auch anderweitiges gemeinsames Erscheinen in offiziellem Rahmen, wie etwa ein Abendessen mit Ihren Geschäftsfreunden. Es könnte sonst zu einem peinlichen Auftritt kommen, der möglicherweise auch in Ihrer Zukunft noch nachwirken könnte.

Rückreise

Um den guten Eindruck abzurunden, den Sie auf Ihrer gemeinsamen Reise hinterlassen, gilt für die Rückreise selbstverständlich genau dasselbe, was Ihnen und Ihrer Begleiterin schon die Anreise so angenehm wie möglich gestaltet hat. Dazu gehört Ihr freundliches und zuvorkommendes Verhalten, das Ihnen auch kaum schwerfallen dürfte, wenn Sie von Ihrer Reisegefährtin alles bekommen haben, was Sie sich erwünschten und erhofften.

Bleiben Sie Ihrem Stil treu und seien Sie auch dann freundlich und zuvorkommend, wenn die Reise unter dem Strich eine Katastrophe war. Wenn Sie sich an meinen Rat gehalten und vorerst nur ein Wochenende gemeinsam verbracht haben, ist so einem Waterloo natürlich leichter ins Gesicht zu sehen. Haben Sie dagegen eine ganze Woche oder länger voller Ärgernisse, Zank und Streit hinter sich, finden Sie keinerlei Grund mehr, der bewußten Dame gegenüber freundlich und zuvorkommend zu sein.

Und warum auch? Sie reisen ja getrennt zurück.

Kapitel 19

Ende einer Leidenschaft – aber bitte mit Stil

Leidenschaft, das ist Sturm und Inbrunst, Feuer und Innigkeit, und wer leidenschaftlich liebt, liebt heißblütig, glühend und wild. Wer aber schafft es schon, das Feuer auf ewig lodern zu lassen, wem gelingt es, auf Dauer im Sturm zu leben?

So oder ähnlich wäre es in der pathetisch-romantischen Erzählung à la Cyrano de Bergerac zu lesen, wenn dem Helden langsam dämmert, daß mit seiner flammenden Leidenschaft irgend etwas nicht mehr stimmt. Zwar leben wir kurz vor Anbruch des 21. Jahrhunderts und nicht mehr in Zeiten, in denen Dichtung und Wahrheit in Hinsicht auf Liebe und Leidenschaft oft ein und dasselbe waren, aber die Bergeracschen Synonyme haben immer noch Gültigkeit, wenn es eine Frau und Sie bis auf den Grund von Herz, Hirn und Rückenmark erwischt.

Alltag und Leidenschaft

Weil wir aber in einer hektischen und unruhigen Zeit mit immer höheren Anforderungen dahinrasen, wird Pathos leicht zu Patina. Wenn es der Alltag schafft, einen seiner unzähligen Krakenarme in eine leidenschaftliche Beziehung hineinzuschlängeln, wird die Glut nicht mehr lange brennen. Liebe und Leidenschaft verhalten sich nun einmal zu Routine und Langeweile wie Feuer zu Eis. Frauen und Männer müssen sich den Schuldvorwurf gleichermaßen gefallenlassen, wenn sie

164

es nicht schaffen, Liebe und Leidenschaft zu zelebrieren, und langsam aber unaufhaltsam den Alltag einkehren lassen.

Nun ist es also auch Ihnen passiert. Aus dem flammenden Inferno Ihrer passionierten Beziehung ist ein schwaches Flämmchen geworden, vollends ausgeweht durch den Luftzug der Tür, die Ihre einst so leidenschaftliche Freundin das letzte Mal hinter sich zuknallt. Ach so, *Sie* waren es, der ihr eine Tür vor der Nase zugeknallt hat. Dann war es ein Knall in die falsche Richtung, mein Herr. Wenn das Ende einer anfangs so vielversprechenden Leidenschaft abzusehen ist, dann hat sich ein Mann so stilvoll, freundschaftlich und edelmütig wie möglich zu verhalten. Edelmut erwähne ich übrigens nicht deshalb, weil Sie Ihre Verflossene mit solchem Verhalten in die Zerknirschung treiben sollen; übersetzen Sie Edelmut mit Hochherzigkeit, und Sie kommen der Klasse, die Sie beweisen möchten, schon sehr nahe.

Da wir gerade vom Türenknallen sprachen: Viele Männer mauern die Tür hinterher auch noch komplett zu. Sie geben nicht mehr das geringste Lebenszeichen von sich, wenn das Ende einer Leidenschaft definitiv ist. Sie stellen sich auch dann noch tot, wenn ihre Ehemalige versucht, sich bei ihnen zu melden. Bitte sehr, mögen Sie diesen kompromißlosen und konsequenten Schlußstrich ziehen, wenn Sie zu eisiger Respektlosigkeit gegenüber anderen Menschen neigen.

Wahrscheinlich haben Sie irgendwann in einem Treppenhaus oder in einem Vorgarten schon einmal größere Mengen von Kartons, vollen Tüten und auch unver-

Vorbei!

165

packten Hausrat gesehen. Diese Dinge gehörten nicht notwendigerweise einem neuen oder ehemaligen Mieter. Es kann sich auch um eine Frau handeln, die gerade eine leidenschaftliche Beziehung hinter sich hat. Dem männlichen Part fiel nichts Besseres ein, als alle Sachen vor die Tür zu stellen, die sich im Laufe der stürmischen Verbindung in seiner Wohnung angesammelt hatten.

Bleiben Sie Gentleman

Solche Zwangsräumungsmaßnahmen sind alles andere als gentlemanlike. Rede sich niemand damit heraus, daß er stets das heulende Elend bekäme, wenn er ihren kleinen Fernseher im Schlafzimmer, ihren Morgenrock im Bad und ihren Eierkocher in der Küche ansehen müsse und dabei ständig an die verdammt schöne Zeit mit ihr erinnert werde. Da können Sie sich auch gleich in die gefüllte Badewanne setzen und darauf warten, daß ihr Fön über den Wannenrand rutscht. Es ist ein schlichter Akt der Höflichkeit, einer ehemaligen Herzensdame ihr Eigentum wohlverpackt und vor allem persönlich zu übergeben.

Das anfangs beschriebene Prozedere käme auch dem letzten Grummeln eines erloschenen Vulkanes gleich, der nicht mehr ausbrechen darf. Machen Sie also Ihre Exgeliebte bloß nicht zum Opfer einer vermeintlichen letzten kleinen Rache; die Retourkutsche kommt schnell, und Sie stehen plötzlich als kleinkarierter Spießer da.

Ebenfalls kein guter Einfall wäre es, bis zur letzten Sekunde so zu tun, als könnten Sie in Ihrer Leidenschaft kein Wässerchen trüben, während Sie sich hinter dem Rücken Ihrer Noch-Partnerin bereits mit Ihrer neuen Errungenschaft sehen lassen. Selbst der Gedanke, daß sie schon davon erfahren wird und sich einen Reim

166

darauf machen kann, ist keine Flucht (weder nach vorn noch nach hinten), sondern einfach hinterhältig. Ich möchte an dieser Stelle noch einmal dringend an einen bestimmten Aspekt aus dem Kapitel 10 erinnern: Nicht nur verheiratete Frauen, die von einem Mann sitzengelassen oder hintergangen werden, können fürchterliche Rache üben.

Ein mittelprächtiger Macho-Trugschluß wäre es auch zu unterstellen, daß aus einer modernen Frau nach der Trennung im Handumdrehen ein schicksalsergebenes Aschenputtel wird, das zu nichts anderem fähig ist, als einer großen Leidenschaft nachzutrauern.

Diskretion ist nach dem Ende einer Beziehung Ehrensache. Auch wenn das Verhältnis noch so »historisch« war, steht es Ihnen nicht zu, anderen davon zu berichten, wie Monacos Regenbogengazetten über die großen Lieben ihrer fürstlichen Monegassen. Sie zitieren doch in Ihren eigenen Reihen häufig ein Motto, das ich hier anführen möchte, obschon es mittlerweile auch mehrdeutige Interpretationen zuläßt: »Der Gentleman genießt und schweigt.« Oder möchten Sie sich lieber auf dem mickrigen Niveau von Stammtischen und Kneipentheken ansiedeln, wo nicht nur geprahlt wird, mit was für einer »geilen Tussi« man durch die Betten getobt ist, sondern wo der Stammtischbruder sich auch noch rühmt, wie hochkant er sie endlich rausgeworfen hat?

Sehen Sie es auch einmal von der anderen Seite: Kein Mann fühlt sich wohl in seiner Haut, wenn er weiß, daß diese von einer Plaudertausche zu Markte getragen wird. Sollten Sie auf Ihre Verflossene als Frau und Mensch allerdings immer noch so große Stücke halten,

Und wieder: Diskretion

167

daß Sie ausschließlich in lobenden Tönen und Komplimenten von ihr sprechen, dann geben Sie ruhig zu, daß Sie unter Trennungsschmerz leiden, auch wenn es Ihnen unmännlich vorkommen mag.

Alle Geheimnisse, die Ihnen während Ihrer Beziehung von Ihrer Partnerin anvertraut wurden, behalten Sie selbstverständlich auch nach der Trennung für sich. Schließlich sind diese Dinge unter dem Siegel der verliebten Verschwiegenheit preisgegeben worden, und Sie selbst dürften allergrößten Wert darauf legen, daß Geheimnisse, die Sie jemandem anvertrauen, auch Geheimnisse bleiben.

Bleiben Sie entsprechend diskret, wenn Sie von dritter Seite auf die Trennung angesprochen werden. Gerüchtesüchtige und Klatschmäuler lauern geradezu auf Trennungsmeldungen, die die Phantasie anregen. Wollen Sie diesen Zeitgenossen Brocken hinwerfen, wie manch einer Perlen vor die Säue?

Hier meldet sich ein Herr aus der letzten Reihe zu Wort, in der unsere Ausnahmen von der Regel sitzen, und tut kund, daß es ihm völlig egal sei, ob die Frauen, mit denen er zusammen war, über die Beziehungen mit ihm plauderten oder nicht; er selbst befleißige sich auch keinerlei Zurückhaltung in diesen Dingen. Wir bedanken uns freundlich für seinen Beitrag und wenden uns wieder der Tagesordnung zu, weil wir in diesem Herrn einen stadtbekannten Gigolo erkennen, der einen Ruf zu verlieren hätte, wenn er nicht ständig über die tiefen Leidenschaften gelungener Eroberungen schwatzen würde.

Tabu! Ein Typ wie er wäre übrigens der einzige, dem es zuzutrauen ist, daß er sich unmittelbar nach dem Ende

168

einer Beziehung mit der besten Freundin der Exgeliebten einläßt. Zu einem Gentleman paßt das Hansdampf-in-allen-Betten-Image nicht. Sie würden Ihrer ehemaligen Partnerin, mit der Sie einmal sehr viel verbunden hat, auch das Gefühl geben, als Person beliebig und austauschbar zu sein. Und gerade weil Sie und diese Frau für eine gewisse Zeit tiefe Gefühle füreinander gehegt und Geheimnisse geteilt haben, wäre es absolut verdammenswert, sie nach dem Ende einer Leidenschaft zu verleugnen oder sie nicht einmal mehr zu grüßen, wenn man ihr später begegnet.

Eine Begegnung, die unter Umständen sogar ziemlich spannend wird, wird sich über kurz oder lang kaum vermeiden lassen: Irgendwann laufen Sie in Begleitung Ihrer neuen Herzdame Ihrer ehemaligen großen Leidenschaft über den Weg. Was dann passiert, können Sie sich selbst ausrechnen – je nachdem, wie Sie sich bei der Trennung verhalten haben. Gehen Sie aus lauter schlechtem Gewissen aber nicht einfach an Ihrer Ehemaligen vorbei; Scheuklappen sind in keinem Fall eine elegante Lösung. Beweisen Sie Stil und stellen die Damen einander vor, wie es sich gehört. Ob sich die beiden dabei die Augen auskratzen, müssen die Damen unter sich ausmachen.

Ich möchte nicht mit dem abgenutzten Wort vom Ende mit Schrecken schließen, der dem Schrecken ohne Ende vorzuziehen sei, sondern mit einem ermutigenden Gedanken für den Fall, daß nicht Sie es sind, der eine leidenschaftliche Beziehung beendet. Dieser Gedanke wird von W. Somerset Maugham in seinen Erzählungen über den Weltenbummler Ashenden so formuliert: »A.s Herz war in den vergangenen Jahren für ein weibliches Wesen nach dem anderen in beträchtliche Unruhe geraten. Er hatte viel Vergnügen daran gehabt und mit einem gerüttelt Maß Kummer dafür bezahlt; aber auch, wenn er am heftigsten unter verschmähter Liebe litt, war er fähig geblieben, sich ungeachtet seiner harmvollen Miene mit dem Gedanken zu trösten: ›Nun denn, auch das ist Korn auf meine Mühle.‹«

Kapitel 20

Der Mann am eigenen Herd

Ein Mann schlurft unrasiert im Bademantel in die geräumige Küche und muß sich mit einem bitteren Morgenkaffee aus Extraktpulver begnügen, weil er vor lauter Arbeit und Terminen noch keine Gelegenheit hatte, die Kaffeemaschine, die vor drei Tagen den Geist aufgegeben hat, zur Reparatur zu bringen. In der Spüle warten Gläser, Tassen und halbvolle Aschenbecher geduldig auf einen Platz in der neuen Geschirrspülmaschine, die seit gestern vollgeräumt ist. Ihr Besitzer mißtraut ihr zutiefst, nachdem sie beim ersten Probewaschgang mehrere Sektkelche zerschlagen hat; er mutmaßt zwar, daß es an der falschen Einstellung gelegen haben könnte, findet sich aber in der Gebrauchsanweisung nicht zurecht. Angesichts des leeren Kühlschranks überlegt er, in welchem Restaurant er am Abend speisen könnte.

Schließlich greift er zum Telefon; vielleicht wird ihn eine seiner Freundinnen in ihrer Küche bekochen, denn in die Verlegenheit, sie in seine eigene, unaufgeräumte Küche führen zu müssen, möchte er nicht kommen. Und seine Kochkunst, nun ja . . .

Wenn Sie allein wohnen, können Sie in Ihrer Küche natürlich tun und lassen, was Sie wollen. Niemand aber ist so allein, daß er nicht hin und wieder Besuch bekäme, den es unter Umständen auch zu bewirten gilt. Wenn Sie Personal haben, bräuchten Sie sich um Ihre

Mit Personal kein Problem

171

Küche und um alles, was in ihr vorgeht, im Prinzip überhaupt nicht zu kümmern. Wer sich fest an diese Gewißheit klammert, könnte eines Tages allerdings recht dumm dastehen. Spätestens wenn das Personal ausgerechnet dann nicht zur Verfügung steht, wenn es am nötigsten wäre.

Wenn Sie mit Ihrer Partnerin zusammenleben, ist die Bewirtschaftung der Küche letztendlich eine Frage der gemeinsamen Vereinbarung. Um diesen Fall kümmern wir uns hier jedoch nicht. Vielmehr möchte ich das Augenmerk derjenigen, die zwar allein wohnen, aber durchaus nicht im Zölibat leben, auf einige grundsätzliche Vorgänge im Umgang mit ihrer Küche lenken, denn viele Männer sind in dieser Hinsicht immer noch etwas unbeholfen und mit einigen Berührungsängsten behaftet.

Die Zeiten, in denen die Küchen der Wohnungen und Häuser separat lagen und von den anderen Räumlichkeiten abgeschirmt waren, sind vorbei. Man hatte oft Personal, das ausschließlich über die Küchen herrschte und allein für die Zubereitung der Speisen zuständig war; der Herr des Hauses verirrte sich höchst selten in die Küchenräume, die Hausherrin schon häufiger. Und in Haushalten ohne Personal war und blieb die Küche eine Domäne der (Haus)Frau.

Heute hat die Küche einen ganz anderen Stellenwert. Die moderne, selbständige Frau hält sich immer noch gern dort auf und gibt ihrer Küche nicht nur durch die Ausstattung, sondern auch mit vielen kleinen Details etwas Lebendiges. Im Zeitalter der Singles bleibt auch dem Mann nichts anderes übrig, als sich hin und wieder in die Küche zu stellen, und sei es nur, um eine Dose

Ölsardinen zu öffnen. Noch gibt es Männer, die eine Küche als Anhängsel einer Wohnung in Kauf nehmen und sie lediglich als Aufbewahrungsort für Getränke zu schätzen wissen.

Den Trend zum Alleinwohnen hat die Industrie natürlich schnell erkannt und sich mit High-Tech-Küchenzubehör so darauf eingestellt, daß selbst den reserviertesten Herren der Schöpfung die Arbeit in der Küche schmackhaft gemacht wird. War es früher die Hifi-Anlage, die den Mann bis ins Detail beschäftigte, schlägt er sich heute mit Bedienungsanleitungen von Küchenmixern und Espressomaschinen herum. Und zwar gar nicht mal so ungern, denn eine moderne gutorganisierte Küche ist viel wert.

Mittlerweile ist der Mann Herr seiner Küche geworden und braucht sie nicht mehr zu verstecken. Oder sollte ich es so formulieren: Der Mann ist Herr über seine Küchengeräte geworden und weiß, wie sie funktionieren. Wie er sie aber einsetzt, um mit ihnen regelgerecht Speisen zuzubereiten, ist nicht unbedingt eine Frage der Beherrschung von Technik allein, sondern hat mit Gefühl und Erfahrung zu tun.

Der Herr
der Küchengeräte

Nun müssen Sie sich nicht gleich zum Kochkünstler entwickeln wollen, obwohl es immer mehr Männer gibt, für die Kochen nicht mehr nur ein Hobby ist. Wer die Feinheiten des Kochens beherrscht, kann eine Frau damit schon begeistern.

Elementare Kenntnisse sind jedoch das mindeste, was Sie sich aneignen sollten. Es wird vorkommen, daß eine Frau gemeinsam mit Ihnen in Ihren vier Wänden speisen möchte, und dann dürfen Sie natürlich nicht den Pizza-Service in Anspruch nehmen. Sie können Ihre

Küche stolz präsentieren und brauchen das Licht Ihrer Kochkünste nicht unter den Scheffel zu stellen, wenn Sie ein wenig mehr zustande bringen, als Dosensuppen mit Petersilie zu garnieren.

Ich habe denjenigen unter Ihnen, für die Kochen noch Neuland ist, im Anschluß an dieses Kapitel einige Rezepte zusammengestellt, die selbst der absolute Anfänger zubereiten können sollte. Verlassen Sie sich in der Zukunft aber nicht bloß auf diese Beispiele. Sie sollen eher Lust machen auf viel mehr. Ich möchte Ihnen sogar raten, einmal in einem Kochbuch zu blättern und sich die Muße zu nehmen, das eine oder andere Rezept einfach auszuprobieren. Abgesehen davon, daß die Zubereitung eine ebenso spannende Angelegenheit werden kann wie das fachgerechte Zusammenbauen eines Oldtimer-Modells für Ihre Sammlung, können Sie Ihrem Damenbesuch und sich selbst damit beweisen, daß an dem Vorurteil, Männer könnten nicht kochen, schon längst nichts mehr dran ist.

Etwas Köstliches zuzubereiten ist eine Sache, die richtige Atmosphäre zu schaffen eine andere. Wenn Sie ein Freund stromlinienförmiger Küchen mit blitzendem Chrom und strahlendstem Weiß sind, muß Ihre Küche deshalb nicht gleich hypersteril wirken und Sie nicht wie ein Verfechter penibelster Hygiene. Eine Schale mit frischem Obst, ein Kerzenhalter auf dem Tisch, ein exotisches Kochbuch hier und vielleicht eine Feinschmeckerzeitschrift dort – das sind Farbtupfer, die auch davon zeugen, daß Sie nicht ausschließlich im restlichen Teil Ihrer Wohnung leben.

Der Kühlschrank Auch auf das Innenleben kommt es an. Es dürfte wohl auszuschließen sein, daß die Dame, die Sie einge-

174

laden haben, jeden einzelnen Schrank in Ihrer Küche einer Examination unterzieht, aber Sie sollten sich hinsichtlich der weiblichen Neugier auch nicht täuschen. Der Kühlschrank wenigstens darf innen nicht aussehen wie ein ausgeraubtes Lebensmitteldepot, bei dem die Marodeure nur Reste zurückgelassen haben und Nahrungsmittel, deren Aroma verdächtig darauf hinweist, daß das Haltbarkeitsdatum schon lange überschritten ist. Das ist übrigens ein Aspekt, der einige Männer überhaupt nicht zu alarmieren scheint.

Einige haltbare anspruchsvolle Köstlichkeiten, wie Champagner, Weißwein, Kaviar oder auch Gänseleberpaté erwecken immer einen guten Eindruck und lassen auf einen Genießer schließen. Auch frische Früchte, Erdbeeren oder Kirschen etwa, wecken bei Frauen die Phantasie. Und vielleicht auch Gelüste ganz anderer Art.

Leistet Ihnen eine Dame das erste Mal in Ihrer Küche Gesellschaft, lassen Sie es in jeder Beziehung langsam angehen. Wagen Sie sich nicht gleich an komplizierte Soßen heran, und tüfteln Sie nicht in aller Ausführlichkeit an den aufwendigsten Speisen herum. Sofern Sie kein Meisterkoch sind, besteht immerhin die Möglichkeit, daß etwas schiefgeht. Zweitens sollte der Aufwand nicht so groß sein, daß Sie sich stundenlang in der Küche aufhalten müssen. Drittens kann Ihnen Ihr Besuch vielleicht bald nicht mehr folgen. Denn, und das steht über allem, Sie schließen sich selbstverständlich nicht in der Küche ein, um das Süppchen ganz allein zu kochen, sondern bieten der Dame auf jeden Fall Gelegenheit zu der Frage, ob sie Ihnen behilflich sein dürfe. Gemeinsames Werkeln in der Küche kann etwas sehr

Zu zweit

175

Intimes sein; plaudernd und bei einem Glas Wein kommt man sich dabei oft näher, als wenn man den Abend auf zwei sich gegenüberstehenden Sofas verbringt. Und ein zu zweit hergestelltes Abendessssen tröstet auch über so manches hinweg, was vielleicht nicht ganz so gelungen ist.

Setzt sich die Dame allerdings einfach hin und schaut Ihnen bei der Arbeit zu, ohne Ihnen freiwillig auch nur den Pfefferstreuer zu reichen, wissen Sie gleich, was Ihnen für die Zukunft bevorsteht. Aber malen wir den Teufel nicht an die Wand – ein netter Gast wird sich gern von Ihnen sagen lassen, wie er sich nützlich machen kann.

Natürlich sieht die Sache ganz anders aus, wenn Sie wirklich ein superber Koch sind und versprochen haben, ein Fünf-Gänge-Menü zu kredenzen. Dann brauchen Sie dieses Kapitel jedoch nicht zu lesen, denn Sie fühlen sich in Ihrer Küche bestens aufgehoben und vielleicht sogar sicherer als im Schlafzimmer.

Unsicherheit beschleicht viele Männer bei der Auswahl des richtigen Weines, und das nicht nur, wenn sie zu Hause Gäste bewirten, sondern auch beim gemeinsamen Restaurantbesuch. Ich brauche Ihnen kaum zu sagen, daß der beste Wein nicht immer der passende ist. Oft unterstreicht ein schlichter kräftiger Landwein ein Gericht mehr als ein edler Cru Bourgeois Supérieur. Ich will mich an dieser Stelle jedoch nicht in Feinheiten ergehen. Im Anschluß finden Sie eine kleine Zusammenstellung von Stichworten zum Thema »Wein«, die zwar keinen vollständigen Überblick bieten kann, wohl aber Hilfestellung in grundsätzlichen Fragen.

Romantik   Wir bleiben noch einen Moment in Ihrer Küche, wo

176

der Wein inzwischen nicht mehr nur heitere Stimulans beim gemeinsamen Kochen, sondern bereits Bestandteil des fertigen Menüs ist. Viele lieben es, auch in der Küche zu speisen, und in einer Küche, die passend eingerichtet ist und genug Platz bietet, kann es tatsächlich ebenso romantisch sein wie in einem schön gedeckten Eßzimmer. Alle Romantik geht natürlich zum Teufel, wenn jemand anregt, in der Küche zu essen, weil der anschließende Weg zum Geschirrspüler dann nicht so weit ist. Sie jedenfalls wollen die Minuten oder Stunden in der Küche mit einer schönen Frau genießen. Bei angenehmer Musik, passender Beleuchtung, den richtigen Zutaten und einer guten Vorbereitung wird der Genuß auf Gegenseitigkeit beruhen.

Eine Küche kann auch einen Genuß ganz anderer Art bieten. Lassen Sie Ihrer Phantasie freien Lauf und sich von einem Film wie »9 ½ Wochen« oder von Jack Nicholsons Rolle in »Wenn der Postmann zweimal klingelt« beflügeln, und Sie entdecken die erotische Komponente Ihrer Küche. Selbst wenn Sie die Filme nicht gesehen haben sollten, werden Sie gewisse Schwingungen spüren: Es ist warm in der Küche, Sie und Ihr Gast rücken bei der Zubereitung näher und näher, bei flüchtigen Berührungen scheint es zu knistern: Als Ort der Verführung kann eine Küche viel aufregender sein als das ewige Schlafzimmer. Selbst wenn Ihre neue Flamme das erste Mal bei Ihnen zu Hause ist, und selbst wenn es Sie beide in der Küche erwischt – lassen Sie sich fallen und liefern Sie sich Ihrer Phantasie aus. Sie werden feststellen, daß es vielerlei Möglichkeiten gibt, sich dem Essen zu widmen.

Erotik

Tips und Rezepte

Nachfolgend finden Sie einige wahrhaft »idiotensichere« Rezepte für Speisen und Menüs, die einfacher vorzubereiten und herzustellen sind, als Sie bisher vielleicht glaubten, und mit der Sie jeder Frau imponieren. Vorab erlauben Sie mir bitte noch einige grundsätzliche Anmerkungen.

Zur Grundausstattung Ihrer Küche gehören folgende Geräte, die Sie auch stets griffbereit haben sollten:
- ein Satz gut funktionierender Küchenmesser
- ein großes Holzbrett
- einige Pfannen und Kochtöpfe verschiedener Größen
- ein Satz Küchenlöffel
- Schöpfkellen, Siebe, Schneebesen und Reibeisen
- ein Meßbecher
- ein Handmixer
- Zitronen- und Knoblauchpresse
- Korkenzieher und Flaschenöffner
- eine Kaffee- bzw. Espressomaschine.

Tips

Bei der Zubereitung von Fleisch- und Fischgerichten rechnen Sie 150–200 g Fleisch oder Fisch pro Kopf.

Die Menürezepte setzen sich aus folgenden Vor-, Haupt- und Nachspeisen zusammen:

Vorspeisen

- Ei auf Spinat mit Räucherlachs
- Kressesuppe
- Lachstatar auf Toast
- Artischocken mit Sauce hollandaise
- Salat mit gebratener Geflügelleber

Hauptgerichte

- Ente à l'orange mit Rotkohl und Kroketten
- Gekochter Lachs (kalt) mit Dillkartoffeln und Dillsauce
- Zürcher Geschnetzeltes mit Rösti
- Chinesisches Fondue
- Gambas in Chilisauce mit Reis

Nachspeisen

- Babyananas mit Vanilleeis, flambiert
- Überbackene Trauben
- Fruchtsalat
- Käse mit Trauben
- Crêpes Suzette
- Zimteis mit heißen Pflaumen

Zu jedem Gericht finden Sie übrigens den passenden Wein an Ort und Stelle benannt. Sofern Sie kein Weinkenner sind, sollten Sie damit schon ein gewisses Gefühl bekommen, welcher Wein zu welcher Art Speisen empfohlen wird; der kleine Anhang zum Thema »Wein« wird seinen Teil ebenfalls dazu beitragen.

I. Ei auf Spinat mit Räucherlachs

Die Förmchen ausbuttern, zunächst den gesalzenen Spinat und dann den in Streifen geschnittenen Lachs hineinlegen, mit Pfeffer würzen und das Ei hineingeben. Die Förmchen in einen Topf stellen, in den Sie soviel Wasser einfüllen, daß sie noch stehen und nicht schwimmen. Etwa 10 Minuten im Wasserbad ohne Deckel bei 90° C garen. Nach 9 Minuten können Sie schon den Toast vorbereiten, auf dem diese hübsche Vorspeise garniert mit Petersilie serviert wird.

2 Eier, 2 Eßlöffel tiefgefrorenen Blattspinat, 2 Scheiben Räucherlachs, Salz und Pfeffer, Toast, Petersilie, einen großen Topf sowie 2 feuerfeste Förmchen, Durchmesser circa 9 cm, 5 cm hoch.

II. Ente à l'orange mit Rotkohl und Kroketten

Die Ente würzen Sie zuerst von innen und außen mit Salz und Pfeffer und füllen sie dann mit den Filets von zwei Orangen und den Maronen. Legen Sie sie in einen Bräter und gießen Sie sie mit einer Tasse Wasser und dem Saft von einer Orange auf. Bei 180° C ungefähr eine Stunde schmoren lassen und ab und zu mit dem Saft zweier Orangen begießen.

Den Rotkohl sollten Sie nach bester Hausmannsart wenn möglich schon am Vortag vorbereiten, indem Sie

1 kleine Ente, 5 Orangen, 10 Maronen, 1 Apfel, Salz und Pfeffer, tiefgefrorene Kroketten, Rotkohl (aus dem Glas), Butter.

ihn zusammen mit dem geschälten und zerkleinerten Apfel eine halbe Stunde lang bei kleiner Hitze garen. Er bleibt bis zum großen Moment abgedeckt stehen und wird dann nur noch erwärmt; rühren Sie dabei ein bißchen Butter unter.

Mit den Kroketten dürfen Sie es sich noch einfacher machen: Sie kaufen sie fertig und bereiten sie wie auf der Packung beschrieben vor.

III. Babyananas mit Vanilleeis, flambiert

1 Babyananas, Vanilleeis, 1 Zitrone und Cognac bereitstellen.

Die Babyananas wird halbiert und das Fruchtfleisch ausgelöst. Damit das Fruchtfleisch nicht braun wird, beträufeln Sie es mit etwas Zitronensaft.

Vor dem Servieren arrangieren Sie Eis und Fruchtfleisch auf Schälchen, begießen das Ganze am Tisch mit einem Eßlöffel Cognac und flambieren es – das bricht das Eis in jedem Fall.

182

I. Kressesuppe

II. Gekochter Lachs (kalt)
mit Dillkartoffeln und Dillsoße
(fruchtiger Italiener oder franz. Sancerre)

III. Überbackene Trauben
(Champagner)

I. Kressesuppe

Den Brühwürfel mit Wasser aufkochen, die so entstandene Fleischbrühe vom Herd nehmen und Crème fraîche dazugeben. Eigelb und Sahne haben Sie extra verrührt und geben es nun hinzu. Bis hierher können Sie die Suppe auch bereits am Vortag vorbereitet haben. In beiden Fällen erwärmen Sie sie jetzt, ohne sie wieder zum Kochen zu bringen, geben die abgeschnittene Kresse hinein, schmecken mit Salz und Pfeffer ab und servieren sofort.

Zu Suppen übrigens trinkt generell nur Wein, wer die Finger partout nicht vom Alkohol lassen kann.

¼ l Fleischbrühe aus Würfeln, 1 Eigelb, 3 Eßlöffel Sahne, 1 Eßlöffel Crème fraîche, Salz und Pfeffer, 1 Packung Brunnenkresse.

II. Gekochter Lachs (kalt)
mit Dillkartoffeln und Dillsoße

Sie benötigen Lachs aus dem Mittelstück.

Den Sud stellen Sie aus dem geputzten und in Stücke geschnittenen Suppengemüse, Wasser, Noilly Prat, Lorbeer und Pfefferkörnern her und lassen ihn ca. 10 Minuten kochen. Dann schmecken Sie ihn mit Salz und Pfeffer ab und geben 2 Eßlöffel Essigessenz hinein. Den

600 g Lachs
Für den Sud:
1 Zwiebel,
2 Möhren,
1 Lauchstange,
1 Löffel Wasser,
Noilly Prat,

183

Pfefferkörner,
1 Lorbeerblatt,
Salz und Pfeffer
sowie 24%ige
Essigessenz,
Kartoffeln und Dill.

Lachs legen Sie in den warmen Sud und lassen ihn 5 Minuten ziehen; danach nehmen Sie den Topf vom Herd und lassen ihn samt Inhalt über Nacht stehen.

Die Fortsetzung erfolgt tags darauf: Indem Sie ein Töpfchen Crème fraîche glattrühren, mit Salz und Pfeffer abschmecken und grob gehackten Dill unterrühren, erhalten Sie die Dillsauce, die kalt serviert wird.

Die fertigen Salzkartoffeln (ca. 20 Minuten gekocht) bestreuen Sie vor dem Auftragen mit frischem Dill – schon haben Sie Dillkartoffeln.

Den Lachs nehmen Sie aus dem Sud (nein, der wird nicht wieder erwärmt), halbieren ihn und richten ihn auf den Tellern an. Sauce und Kartoffeln werden separat serviert.

III. Überbackene Trauben

Etwa je
20 weiße und
blaue Trauben,
Zucker,
Mascarpone
und Sahne.

Die Trauben werden halbiert und entkernt auf die Teller gelegt und leicht gezuckert. Dann rühren Sie etwa 3 Eßlöffel Mascarpone glatt; gegebenenfalls mit etwas Sahne flüssiger machen. Das geben Sie über die Trauben auf den Tellern und schieben sie etwa eine Minute unter den Grill, bis alles leicht braun wird. Sie haben noch keinen Küchengrill? Aber bestimmt einen Backofen!

184

MENÜ 3

I. Lachstatar auf Toast
(Bier oder herber Weißwein)

II. Zürcher Geschnetzeltes mit Rösti
(alter weißer oder roter Burgunder)

III. Fruchtsalat
(Sauternes)

I. Lachstatar auf Toast

Etwa 5 Stunden vor Beginn des Menüs schneiden Sie den Lachs in feine Würfel und schmecken mit Salz und Pfeffer ab. Einen Ast Dill mit einer Schere in die Masse schneiden und alles vorsichtig vermengen. Verteilen Sie die Masse auf zwei Teller, geben daneben jeweils einen Eßlöffel Crème fraîche und garnieren mit Dill und Zitronenscheiben. Dann stellen Sie die Teller 5 Stunden in den Kühlschrank, um das Lachstatar gut gekühlt mit Toast und Butter servieren zu können.

300 g gebeizten Lachs, frischen Dill, etwas Essig, Salz und Pfeffer, Crème fraîche, Zitrone und Toast.

II. Zürcher Geschnetzeltes mit Rösti

Für das Geschnetzelte nehmen Sie die vom Schlachter abgezogene Kalbsleber und die küchenfertigen Nieren sowie das fingerdick geschnittene Kalbfleisch.

Das Fleisch braten Sie in der Pfanne in sehr heißem Öl etwa zwei Minuten scharf an; zwei Eßlöffel Öl genügen. Dann geben Sie einen Eßlöffel Butter dazu sowie Crème fraîche und Weißwein, bis eine sämige Sauce um das Fleisch entsteht. Mit Pfeffer, Salz und Paprika

60 g Kalbsleber, 60 g Nieren, 200 g Kalbfleisch, Öl, süßes Paprikapulver, Crème fraîche, Salz, Pfeffer, etwas Weißwein und Butter.

185

abschmecken und sofort servieren – was bedeutet, daß natürlich auch die Rösti fertig sein müssen!

4 große Kartoffeln, Öl, 1 Eßlöffel Speckwürfel, 1 kleine Zwiebel.

Die können Sie allerdings schon am Vortag in Ruhe vorbereiten. Die Kartoffeln 10 Minuten kochen und abkühlen lassen, dann auf einer Raspel reiben. In einer mittelgroßen Pfanne erhitzen Sie etwas Öl, braten Speckwürfel und die gehackte Zwiebel eine Minute darin und geben das Kartoffelgeriebene dazu. 5 Minuten unter Umrühren goldgelb anbraten und mit Salz und Pfeffer abschmecken. Die Masse wird anschließend in der Pfanne festgedrückt und von einer Seite angebraten.

Nun wird es einen Moment spannend, wenn Sie einen Teller auf die Pfanne legen, die Rösti darauf stürzen, wieder in die Pfanne gleiten lassen und von der anderen Seite anbraten.

Alles, was Ihnen nicht danebengefallen ist, wird in Alufolie verpackt und braucht am nächsten Tag nur im Ofen aufgewärmt zu werden.

III. Fruchtsalat

Saft einer Zitrone, 2 Eßlöffel Zucker und etwas Grand Marnier.

Sie richten hieraus eine Sauce an. Naschen ist erlaubt; schließlich muß die Mischung stimmen.

Schneiden Sie Früchte aller Art in gleicher Größe in die Sauce hinein und lassen Sie das Ganze 6 Stunden lang abgedeckt ziehen.

Den Fruchtsalat können Sie schlicht auf einem Teller oder etwas raffinierter in einer gekühlten und ausgehöhlten Melone servieren.

MENÜ 4

I. Artischocken mit Sauce hollandaise
(trockener Weißwein)

II. Chinesisches Fondue
(Bier)

III. Käse mit Trauben oder Crêpe Suzette
(guter schwerer Bordeaux)

I. Artischocken mit Sauce hollandaise
Artischocken in einen Topf geben; sie sollten mit Wasser bedeckt sein und können mit einem Teller beschwert werden. Ca. 40 Minuten köcheln lassen.

1 Artischocke pro Person

Für die Sauce hollandaise bereiten Sie zunächst ein Wasserbad, indem Sie einen Topf mit Wasser füllen und einen kleineren hineinstellen, ohne daß das Wasser über den Rand schwappt. Stellen Sie den größeren Topf auf den Herd, geben Sie zwei Eigelb in den kleineren Topf und rühren Sie, wenn das Wasser lauwarm wird, in das Eigelb langsam die Butter ein. Mit Salz, sehr wenig Cayennepfeffer und Zitronensaft abschmecken. Artischocke wie gewohnt in die Sauce tunken.

2 Eigelb,
150 g Butter, Salz,
Cayennepfeffer
und Zitronensaft.

II. Chinesisches Fondue
Sie benötigen hierzu einen Fonduetopf, ohne den Sie die Zutaten gar nicht erst zu besorgen brauchen. Pro Person 2 Metallsiebchen (in Asia-Läden erhältlich).

Aus den Brühwürfeln stellen Sie in einem Topf mit Wasser zuerst etwa 1 Liter Brühe her, die Sie mit Sojasauße abschmecken.

200 g Rinderfilet
oder 200 g Rinderhack, 1 Dose
Sojasprossen,
1 Dose Bambussprossen, ¼ Pakkung Glasnudeln,

½ Packung
tiefgefrorener
Blattspinat,
1 kleiner China-
kohl, 1 Gemüse-
zwiebel, 1 Lauch-
stange, Sojasauce,
Brühwürfel.

In separate Schälchen füllen Sie die Soja- und Bambussprossen, den aufgetauten Blattspinat, die vorge-
weichten Glasnudeln, Zwiebelringe und, jeweils klein-
geschnitten, den Chinakohl und die Lauchstange. Das
Rinderfilet wird ebenfalls in kleine Stücke geschnitten.

Falls Sie zu Hackbällchen tendieren, vermengen Sie
ein Ei, eine kleingehackte Zwiebel, Curry, Salz und
Pfeffer mit dem Hackfleisch und formen sie zu walnuß-
großen Bällchen.

Zu den Schälchen stellen Sie den Fonduetopf auf den
Tisch und geben die heiße Brühe vom Herd direkt
hinein. Darin werden nach Gusto Fleisch, Zwiebeln,
Lauch, Chinakohl, Bambus, Soja, Nudeln, Blattspinat
je ca. zwei Minuten gekocht. Das Ganze essen Sie aus
Suppentellern; stellen Sie die Sojasauce zum beliebigen
Nachwürzen bereit. Am besten schmeckt's mit Stäb-
chen.

III. Käse mit Trauben oder Crêpes Suzette
Wenn Sie sich für Käse und Trauben als Nachspeise
entschieden haben, bereiten Sie Brie, Gorgonzola und
Stilton auf einem Brett vor; mindestens 5 Stunden vor
dem Servieren sollte der Käse den Kühlschrank verlassen haben. Dazu werden Trauben und je nach Geschmack Käsecracker serviert.

1 Ei, Mehl, Milch,
Zucker,
2 Orangen,
½ Zitrone,
Grand Marnier,
Cognac und
Vanilleeis.

Die Crêpes Suzette können Sie bereits am Vortag
zubereiten:

Ein Ei verquirlen und soviel Mehl hineinsieben, bis
die Masse »pampig« wird. Sie gießen mit Milch auf, bis
ein flüssiger Brei entsteht, den Sie mit ½ Teelöffel Zuk-
ker süßen. Pfanne erhitzen, zwei Tropfen Öl hineingeben und aus dem flüssigen Teig bei mittlerer Hitze

Pfannkuchen herstellen. Je dünner Sie Ihnen gelingen, desto eher dürfen Sie ihnen die Bezeichnung »Crêpes« verpassen. Rechnen Sie pro Kopf zwei Stück, schlagen Sie sie in Alu-Folie ein und stellen Sie sie kalt.

Damit aus den Crêpes »Crêpes Suzette« werden: Die $\frac{1}{2}$ Zitrone und den Saft der Orangen in einen Topf geben, 5 Minuten kochen lassen, dann Zucker und Grand Marnier sowie etwas abgeriebene Schale der beiden Früchte beigeben und ebenfalls kaltstellen.

Zum Essen erwärmen Sie die Crêpes, in Folie eingeschlagen, im Ofen ca. 10 Minuten bei 180° C, die fruchtige Sauce erwärmen Sie separat. Die fertigen Crêpes servieren Sie zusammengerollt auf einem Teller, geben die Sauce darüber und dekorieren Vanilleeis daneben. Mit Cognac am Tisch flambieren.

I. Salat mit gebratener Geflügelleber

II. Gambas in Chilisauce mit Reis
*(zur Vorspeise wie zum Hauptgericht
gut gekühlten herben italienischen Weißwein)*

III. Zimteis mit heißen Pflaumen

I. Salat mit gebratener Geflügelleber

Frisée-, Radicchio-, Chicorée-, Eisberg-Salat (je mehr Salatsorten, desto besser), Essig, Olivenöl, Salatkräuter, Zucker, Salz und Pfeffer sowie 100 g Geflügelleber, Butter, 2 Eßlöffel Portwein oder Madeira.

Den Salat putzen, waschen und in einer Plastiktüte im Kühlschrank kaltstellen.

Aus Essig, Olivenöl, Salatkräutern (wenn möglich, verschiedene frische Kräuter), etwas Zucker, Salz und Pfeffer stellen Sie in einer Schüssel etwa 5 Eßlöffel Salatsauce her und stellen sie beiseite.

Unmittelbar vor dem Servieren des ersten Ganges braten Sie die Geflügelleber in Butter an, geben Portwein oder Madeira dazu und lassen alles ca. eine Minute brutzeln.

Den Salat geben Sie nun in eine Schüssel, vermischen ihn mit der Salatsauce und richten ihn auf hübschen Tellern an; die warme Geflügelleber wird auf den Salat gelegt.

II. Gambas in Chilisauce mit Reis

12 Gambas, 1 Tasse Orangensaft, 1 Eßlöffel Chilisauce, ¼ l Sahne,

Die Gambas werden geschält, in 1 cm große Stücke geschnitten und in einer Pfanne mit der fein gehackten Zwiebel in Öl angebraten. Mit Orangensaft ablöschen, Sahne, Chili und Ketchup hineinrühren und abschmecken.

Den Reis können Sie schon am Vortag kochen und unter Alu-Folie mit ein paar Butterflocken garniert bereitstellen. Vor dem Servieren erwärmen Sie ihn 20 Minuten bei 180° C im Ofen.

1 Zwiebel, 1 Eßlöffel Ketchup, Salz und Cayennepfeffer.

III. Zimteis mit heißen Pflaumen
Vanilleeis in einer Schüssel glattrühren und mit Zimt würzen. Halten Sie sich damit nicht lange auf, damit das Eis nicht zu sehr schmilzt, und stellen Sie es am besten gleich wieder ins Gefrierfach.

6 Eßlöffel Vanille-eis, 6–8 Pflaumen pro Kopf (im Glas), ½ Teelöffel Zimt.

Die entkernten Pflaumen erwärmen Sie in einem Topf und geben sie in letzter Minute auf das angerichtete Zimteis.

Kleiner Wein-Ratgeber

Wie schwierig es ist, Ihnen auch nur die allerwichtigsten Basisinformationen zum Thema »Wein« nahezubringen, können Sie schon aus wenigen Zahlenbeispielen ermessen: Es gibt etwa 70 verschiedene Rebsorten, allein fast 150 nach Anbaugebieten und Rebsorten unterschiedene deutsche Weintypen und 30 gute bis hervorragende Weinjahrgänge seit 1945, was sich, bezogen auf mehrere Anbaugebiete, pro Jahr zu etwa 200 empfehlenswerten Weinen summiert.

Wer sich in Sachen Wein topfit machen möchte, sollte sich daher der einschlägigen Literatur zuwenden, die im Buchhandel zahlreich erhältlich ist.

Wer sich nicht zum Weinfachmann aufschwingen möchte, darf sich auch weiterhin vom Ober den passenden Wein zum Menü empfehlen lassen. Bedenken Sie aber, daß Sie ziemlich hilflos dastehen, wenn Sie gar nichts über Wein wissen und kein Ober in der Nähe ist – dann nämlich, wenn Sie weiblichen Besuch zum gemeinsamen Dinieren in Ihren vier Wänden empfangen. Aber auch im Restaurant vermittelt es natürlich einen positiven Eindruck von Bildung und kultiviertem Genießen, wenn Sie ein Wörtchen zum Thema Wein mitzureden haben.

Sie schenken Wein zu Hause aus

Vorher

Vor dem Öffnen wird eine Weinflasche generell eine Zeitlang ruhiggestellt; das ist besonders wichtig, wenn Sie den Wein gerade erst erworben und nicht aus seinem Lagerort geholt haben.

Weißwein wird kühl getrunken (5–8° C); Sie können ihn vor dem Öffnen eine Stunde im Kühlschrank aufbewahren, jedoch nie im Eisfach.

Indem Sie *Rotwein* etwa zwei Tage vorher in einen beheizten Raum stellen, bevor er getrunken werden wird, chambrieren Sie ihn, das heißt, Sie bringen ihn auf die für Rotwein übliche Trinktemperatur von ca. 16° bis 19° C. Öffnen Sie eine Rotweinflasche am besten eine oder zwei Stunden vorher, damit der Wein *atmen* kann: Sein Duft entfaltet sich durch den Kontakt mit der Luft.

Utensilien

Legen Sie unbedingten Wert auf die Qualität Ihres *Korkenziehers*. Korkenzieher mit Hebelwirkung ermöglichen ein langsames Herausziehen des Korkens. Sollte der Korken beschädigt werden, drücken Sie den Restkorken nicht in die Flasche! Lassen Sie auch Messer und sonstige spitze Gegenstände aus dem Spiel, sondern holen Sie den Korkenrest mit der »Spinne« heraus, einem speziellen Drahtgreifer, den Sie in einem Fachgeschäft erwerben sollten. Oder Sie gießen den Inhalt der Flasche durch ein Kunststoffsieb in einen Krug oder eine Karaffe.

Weingläser sind normalerweise farblos und haben einen nicht zu kurzen Stiel, damit die Hand das Glas nicht zu nahe am Kelch anfassen muß (Erwärmung). Sie verwenden keine Gläser mit oben weit ausgeschwungenem Kelch, da sich sonst das Bukett nicht einfangen läßt.

Wein und Speisen

Die traditionelle Grundformel des Zusammenklanges ist einfach und wird auch Ihnen geläufig sein: weißer Wein zu hellem Fleisch und Fisch, roter Wein zu dunklem Fleisch und Käse, zum Dessert lieblichen, süßen Weißwein.

Gemeint sind natürlich nicht beliebige Weiß- und Rotweine, sondern:

Was wozu

- ○ trockene, leichte Weißweine zu Vorspeisen
- ○ spritzige, trockene Weißweine zu Schalentieren und Meeresfrüchten
- ○ frische, trockene/halbtrockene Weißweine zu kaltem Abendbrot
- ○ kräftige Weißweine oder beste Schaumweine zu Gänseleber, füllige, schwere Rotweine zu Schnecken, rassige leichte Weißweine zu Froschschenkeln
- ○ gehaltvolle, rassige Weißweine zu Fisch
- ○ vollmundige Weißweine zu Geflügel, kräftige rotweine zu Wildgeflügel
- ○ zu hellen Fleischgerichten gehaltvolle Weißweine, aber auch leichte helle Rotweine
- ○ zu dunklen Fleischgerichten kräftige, feurige Rotweine
- ○ bukettreiche, würzige Rotweine zu Wild
- ○ trockener Weißwein zu Frischkäse, frischer, fruchtiger Rotwein zu Camembert und Brie, kräftiger Rotwein zu Edelpilzkäse

194

○ zum Dessert halbtrockene bis süße Schaumweine, liebliche bis süße Weißweine, aber auch Likörweine.

Übrigens: Zu einem stilvollen Menü gehört auch ein Aperitif wie etwa ein trockener Sherry sowie ein Digestif (Cognac, Armagnac, Obstler, Grappa).

Gute bis hervorragende Jahrgänge

Hier sollen uns als Anhaltspunkte die besten Jahrgänge der letzten zwanzig Jahre aus den drei wichtigsten Weinländern bitte genügen:

Deutschland: 86, 85, 83, 81, 79, 76, 75, 73
Frankreich: 86, 85, 83, 79, 78, 71
              Bordeaux: 82, 81, 80, 75
              Burgund: 82, 76, 73
Italien: 85, 82, 81, 79, 77, 74, 71

Es führte zu weit, wollte ich hier die Charakteristik der Jahrgänge beschreiben und Namen einzelner Weingüter nennen; in dieser Hinsicht muß ich Sie auf die Fachliteratur verweisen. Kennerschaft beweisen Sie aber zum Beispiel, wenn Sie bei älteren Weinen etwa einen 47er Bordeaux, einen 52er Burgunder oder einen 49er Chianti besonders hervorheben.

Weintypen und Herkunft

Die folgenden Beispiele geben Ihnen einen Begriff von der überreichen Vielfalt an Weinen; daher kann ich Ihnen an dieser Stelle auch nur eine Auswahl der wichtigsten vor Augen führen. Echte Kenner mögen mir verzeihen, wenn nicht alle aufgezählt werden können, die in Kennerkreisen als große Weine gelten; diese finden in der Wein-Literatur ihre verdiente Würdigung.

Frankreich *Burgunder* –
vollmundig, warm, weich, reif und ausdrucksvoll. Pinot noir oder Spätburgunder (rot) und Chardonnay (weiß). Berühmter Süßwein: Château d'Yquem, beliebter Weißwein: der herbe, trockene Chablis, bekannter Rotwein: der blumige Beaujolais.

Bordeaux –
die riesige Spannweite des größten Qualitätsweinanbaugebietes der Welt reicht vom trockenen Rotwein bis zum lieblichen, süßen Weißwein. Mit einem roten Qualitätsbordeaux z. B. aus dem Médoc sind Sie stets gut bedient.
Einmalig ein Château Mouton-Rothschild und schon fast eine Philosophie: Château Lafite-Rothschild, der Superlativ der Bordeaux-Weine. Sauternes als beliebter süßer, kräftiger Weißwein.

Côtes du Rhône –
bukettreiche, kräftige Rot- und Weißweine. Berühmt: Der Châteauneuf-du-Pape als tiefroter, würzig duftender Rotwein. Der Tavel als brillantester französischer Roséwein.

196

Val de Loire –
Rot- und Weißweine, duftig und beschwingt. Ideale
Begleiter beim Essen: harmonische Sauvignon-Weine.
Köstlicher Weißwein: junger, kühler Muscadet.
Andere Weinanbaugebiete wären etwa das *Elsaß* mit
seinen leicht zugänglichen Weißweinen feinherb-fruch-
tigen bis kraftvollen Charakters, *Languedoc-Roussillon*
als größtes Weinanbaugebiet Frankreichs mit den un-
terschiedlichsten Weinen oder auch *Korsika* mit schwe-
ren, feurigen Rotweinen.
Spitzenweine dürfen Bezeichnungen wie Grands
Crus, Premiers Crus (Burgund), Crus Supérieurs oder
Crus Supérieurs Exceptionnels tragen, während »Grand
Vin« kein offizielles Prädikat für einen großen Wein
ist. Als Bezeichnung höchster Qualität sollten Sie sich
die V.D.Q.S.-Weine merken: Ganz besonderen Quali-
tätskontrollen unterliegen jedoch die Weine der A.C.-
Klasse.

Venetien –   Italien
Valpolicella, Bardolino und Soave – nicht gerade Spitzenweine, aber als leichte und heitere Weine weltweit
beliebt.
Geheimtip: der Tocai di Lison als würziger und kräftiger Weißwein.
Piemont –
ein edler Wein: der rubinrote Barolo mit seinem reichen
Bukett, trocken und samtig.
Toskana –
der Chianti als *der* italienische Wein schlechthin, trok-
ken und tanninhaltig. Die typischen ballonförmigen
und bastumwickelten Fiascos enthalten höchstens gute

Landwein-Qualität; achten Sie auf Qualitäts-Chianti (etwa Chianti Classico). Große Weine Italiens: der Brunello di Montalcino und der Nobile de Montepulciano.

Latium –
der gelbe Frascati, süßer oder herber Weißwein; in der trockenen Version Italiens beliebtester Tischwein.

Zu nennen wären noch die trockenen und fruchtigen Rotweine aus *Trentino*, der Montepulciano d'Abruzzo aus den *Abruzzen* als einer der besten italienischen Rotweine und natürlich der schwere sizilianische *Marsala* mit seinem hohen Alkoholgehalt.

Die besseren Weine Italiens tragen die Herkunftsbezeichnungen D.O.C., die besten die Bezeichnung D.O.C.G.

Deutschland *Rheinhessen –*
liebliche, süffige, milde Weißweine. Als Tip: der feine geschliffene Riesling der Nackenheimer Region mit hervorragendem Bukett.

Rheinpfalz –
hauptsächlich milde, fruchtige, duftige Müller-Thurgau-Weine. Rarität: Weißer Burgunder.

Rheingau –
elegante und würzige Weine. Tip: die unnachahmliche Eleganz der Auslesen und Beerenauslesen.

Baden –
frische, milde, im Geschmack fruchtige Qualitätsweine. Empfehlenswert: die würzigen edelsüßen Gewürztraminer mit ausgeprägtem Bukett.

Württemberg –
mehr Rotweine als anderswo in Deutschland. Zum

198

Beispiel: der feurige Spätburgunder. Milder, harmonischer Schoppenwein: der Portugieser.

Franken –
Aufgrund von wenig Restsüße meist durchgegorene trockene Weine; markig, rassig, kernig, fruchtig. Jedoch elegante, würzige, bukettreiche Müller-Thurgau-Weine. Spitze: der Riesling aus Würzburger Lagen.

Mosel –
allgemein fruchtige und leichte Weine; anspruchsvoll ist der Mosel-Riesling mit einzigartiger aromatischer Fülle.

Und nicht zu vergessen: die *Saar*-Weine mit fruchtiger Süße und pikanter Würze, die vielgerühmte Eleganz feinfruchtiger, frischer, harmonischer *Nahe*-Weine und die Auslesen, Spätauslesen und Beerenauslesen der Spätburgunder aus der *Ahr*-Region, die zu den besten Rotweinen Deutschlands gehören.

Spanien –
der weltbekannte Rioja, rund und weich, setzt Maßstäbe für Spaniens Weine.

Das übrige Wein-Europa

Empfehlenswert auch die vollen, kräftigen Navarra-Rotweine mit ausdrucksvollem Bukett, hervorragend der geschmeidige und füllige rote Carinena aus Aragón, berühmt die Dessertweine von Alicante.
Achten Sie auf »Reserva« und »Gran Reserva« als Bezeichnungen gehobener bzw. höchster Qualität.
Fino Sherry: blaß, herb. Amontillado Sherry: bernsteinfarben und etwas milder im Geschmack. Oloroso Sherry: dunkelgold und leicht süß. Cream Sherry: Steigerung der Süße durch Zugabe anderer süßer Weine.

Kenner bevorzugen den zuckerarmen, trockenen Man-
zanilla.

Portugal –
hervorragend die dunklen, kräftigen Rotweine von Dao.
Douro Port: hochsüß, gehaltvoll. Tawny Port: etwas
leichter. Vintage Ports sind erstklassige Jahrgangsport-
weine; Kenner genießen 30–50 Jahre alte Vintages.

Österreich –
typisch der Grüne Veltliner, spritzig, würzig, leicht
pfeffrig, mit angenehmer Säure.
Von Weltruf: die Oggauer Rotweine.

Schweiz –
ein Spitzenweißwein ist der trockene, milde bis spritzige
Fendant aus der Region um Sion. Brillant: der bern-
steinfarbene Malvoisie aus dem Wallis.

Griechenland –
Trank schon Homer: den pikanten geharzten weißen
Retsina (Kokkineli als rote Version). Mavrodaphne als
delikater, fast schwarzer Rotwein, empfehlenswert der
dunkelrote Naoussa als bester Wein Makedoniens.

Ungarn –
Teil ungarischer Kultur: der Tokajer mit fülliger kon-
zentrierter Süße, jedoch würzig durch pikante fruchtige Säure. Geheimtip: der hervorragende Tokaji Aszu
Essenz.

Die Erwähnung kalifornischer, südamerikanischer, au-
stralischer oder südafrikanischer Weine würde den Rahmen dieses Buches endgültig sprengen. Sie sind natürlich nicht besser oder schlechter als europäische Weine,
machen im kontinentalen Angebot jedoch einen zu geringen Prozentsatz aus. Servieren Sie aber nie einen

beliebigen Wein aus Kalifornien oder Argentinien, nur um zu zeigen, daß Sie das »Besondere« schätzen. Wenn Sie sich vorher nicht genau informieren, können Sie für einen Angeber gehalten werden, bei dem es nur sauren Wein zu trinken gibt.

Tips: Die Coonawarra-Region Südaustraliens bietet berühmte Rotweine und Riesling-Weine von hoher Qualität (Cabernet Sauvignon). Bester kalifornischer Johannisberg- oder White-Riesling erreicht die Rasse und Feinheit eines Rhein-Riesling.

Die Weinansprache, sprich die Bewertung eines Weines in Klarheit, Farbe, Duft und Geschmack, ist eine Wissenschaft für sich und bleibt ausgesprochenen Weinkennern vorbehalten, die in einem Wein lesen können wie Sie in Ihren Kontoauszügen. Als Laie verheddern Sie sich schnell in einer Vielzahl von Fachbegriffen, die von »mollig« bis »stahlig«, »klotzig« bis »krautig« und »Geranienton« bis »Frostgeschmack« reichen.

Verständlich, wenn Sie im Laufe unserer kleinen Exkursion auf den Geschmack gekommen sind. Sie haben neben sich ein Glas 1975er Château Margaux stehen? Dann haben Sie bereits einen Rotwein entdeckt, der köstlich ist. Bei diesem Genuß möchte ich natürlich nicht weiter stören.

A votre santé!

Drinks

Eine gut ausgestattete Hausbar macht zwar etwas her, nützt Ihnen aber nicht allzuviel, wenn die einzigen Komponenten, die Sie zu mixen verstehen, Scotch und Eiswürfel sind. Sie sollten schon den einen oder anderen Drink herstellen können.

Zeitlose Drinks, die stets ankommen:
○ Caipirinha
○ Champagner-Cocktail
○ Whiskey Sour
○ Daiquiri Natural
○ Margarita
○ Martini-Cocktail
○ Bloody Mary

Caipirinha

2 Limettenviertel, 5 cl Cachaça, 1–2 Barlöffel Zucker (oder Würfelzucker).

Limettenachtel und Zucker in ein kleines Becherglas geben, mit einem Stößel gut zerdrücken, Cachaça dazugeben und gut umrühren. Mit gestoßenem Eis auffüllen und noch einmal gut verrühren.

Champagner-Cocktail

In einem Champagnerkelch den Würfelzucker mit Angostura tränken, Zitronenschale hinzugeben und mit Champagner aufgießen.

1 Stück Würfelzucker,
1 dash Angostura,
Champagner,
1 Stück Zitronenschale.

Whiskey Sour

Zutaten im Shaker mit Eis kräftig schütteln, in ein Sourglas abseihen und die Stielkirsche dazugeben. Die Variation mit Scotch ist natürlich erlaubt und heißt dann »Whisky Sour«.

2 cl Zitronensaft,
1 Barlöffel Puderzucker,
1 cl Zuckersirup,
4 cl Bourbon,
1 Stielkirsche.

Daiquiri Natural

Zutaten im Shaker mit Eis kräftig schütteln und in vorgekühlte Cocktailschalen abseihen.

2 cl Limettensaft,
1–2 cl Zuckersirup, 5 cl weißer Rum.

Margarita

Zutaten im Shaker mit Eis kräftig schütteln und in vorgekühlte Cocktailschalen mit Salzrand abseihen.

2 cl Zitronensaft,
2 cl Cointreau (oder Triple sec),
4 cl Tequila.

Martini-Cocktail

Zutaten im Rührglas auf viel Eiswürfeln verrühren, in vorgekühltes Martiniglas abseihen und die Olive dazugeben.

2 cl Vermouth dry,
5 cl Gin, 1 grüne Olive mit Stein.

Bloody Mary

1 cl Zitronensaft,
1 dash Worcester-
sauce, Selleriesalz,
Pfeffer, Tabasco,
4 cl Wodka,
12 cl Tomatensaft,
Stangensellerie.

Zutaten im Longdrinkglas auf Eiswürfeln gut verrühren und mit Stangensellerie garnieren.

John-Roger und Peter McWilliams

Lebe ohne Sorge!

Die Macht des Optimismus

368 Seiten, gebunden

Positives Denken ist der Schlüssel zu Erfolg und Gesundheit. Aber der Schritt vom positiven Denken zum
positiven Handeln ist nicht leicht. Dieses Buch ist wie
eine »Straßenkarte zu einer positiven, glücklichen Le-
bensweise« (TIME MAGAZINE). Wie Sie den Schritt vom
positiven Denken zum positiven Handeln tun – das
erfahren Sie in diesem Erfolgsbuch. Nutzen Sie die
Macht des Optimismus für Ihr Leben!

Ullstein

John-Roger und Peter McWilliams

Wie man seine Träume verwirklicht

Die Macht des positiven Denkens

344 Seiten, gebunden

Sie leben nur einmal. Und deshalb haben Sie auch nur einmal die Chance, Ihre Sehnsüchte und Träume zu verwirklichen. Vielleicht haben Sie seit Ihrer Jugend den Traum, ein bestimmtes Talent zu entwickeln. Vielleicht möchten Sie aus der alltäglichen Routine Ihres Berufes »aussteigen«, um endlich das zu tun, was Sie schon immer tun wollten. Oder aber Sie haben im ganz privaten Bereich Sehnsüchte und Träume, die Sie schon längst aufgegeben haben – und doch nie ganz vergessen können . . .

Seien Sie anspruchsvoll! Starten Sie mit dem Erfolgsprogramm von John-Roger und Peter McWilliams, den Autoren des Bestsellers »Lebe ohne Sorge!«

Ullstein

Barry McCarthy

Ganz Mann

Handbuch für den einfühlsamen Liebhaber

304 Seiten, gebunden

Was Männer sich nie trauen, andere Männer zu fragen:
Hier finden sie die Antworten. »Dieses Buch widmet
sich der männlichen Sexualität mit so viel Sachver-
stand, Raffinesse und Fingerspitzengefühl, wie man es
sonst nur aus der Frauenliteratur kennt.«

NEW YORK TIMES

Ullstein

Gisela Tautz-Wießner

LebensArt

Erfolgreich und beliebt durch gute Umgangsformen
Modernes Repräsentationstraining

248 Seiten, gebunden

Mit diesem Kompendium zeitgemäßer Umgangsformen
und gesellschaftlichen Know-hows empfiehlt sich eine
der führenden Repräsentationstrainerinnen Deutschlands. Mit leichter Hand legt Gisela Tautz-Wießner die
geschriebenen und ungeschriebenen Gesetze des kulti-
vierten Miteinanders dar – vom ersten Eindruck bis
zum letzten Abschied.
»Jede Menge Tips für gute Umgangsformen am Ar-
beitsplatz und bei privaten Feiern, auf Reisen und im
Restaurant.«   BRIGITTE

Ullstein